JN410585

초롱꽃 작은 연가

김장영 시집

초롱꽃 작은 연가

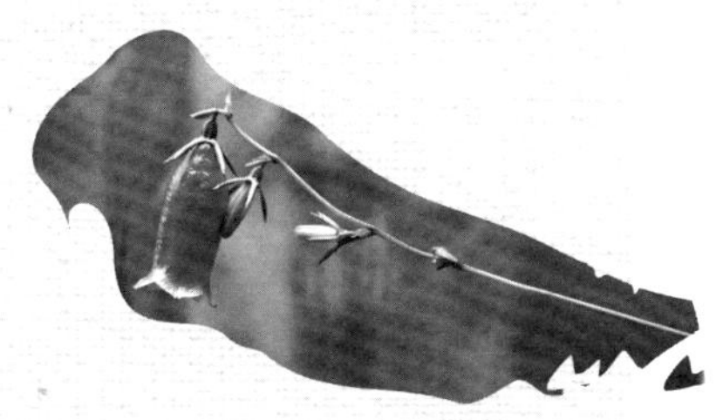

이지출판

책머리에

내 나이 이십 대 초반, 민주혁명을 외치던 젊은 친구들이 자목련 꽃잎으로 흩어져 산화하던 그해 여름 어느 날, 나는 변산 청련암 비탈길을 오르고 있었다.

우주는 넓어도 나의 거처는 옹색하여, 해와 달이 눈부신 빛을 뿌려도 내 영혼은 어둠에 잠겨 있었고, 서해 바닷물은 베갯머리까지 드나들었지만 내겐 대망의 어느 뱃길도 닿지 않아 갈매빛 산그늘에 갇혀 날마다 꿈만 꾸었다.

신들의 살해자 '니체'를 만나보고, 허약한 '쇼펜하우어'옹과 입씨름하다가, 벌레로 변신한 '카프카'와도 잔을 나눴지만, 어느 것도 나의 호기심을 채워 줄 만한 길은 되어 주지 못했다.

또다시 바람 속을 떠돌던 나는 능가산 서래선림의 눈밝은 선사로부터 생의 근원을 묻는 화두 하나를 받고, 그 자리에 주저앉아 밤낮으로 흰 바람벽만 바라보며 젊은 한 시절을 보내게 되었다. 온몸을 송두리째 던져 크게 죽어야만 거듭날 수 있는 생사관문을 돌파하지 못한 나는 헌걸찬 장부로 우뚝 서지 못하고 하산하고 말았지만, 시혼詩魂의 푸른 등불 하나만은 깊게 간직하고 오늘에 이르렀다.

여기에 올린 시 108편은 그동안 한국시, 월간문학, 문학공간, 모던포엠 등에 발표한 것과 오래된 나의 창작노트에서 건져 낸 시가 적지 않게 편입되었다. 가난한 꿈을 스스로 다독이며 닦아온 사유와 인식이 투영된 작품들이다.

우리 일생은 천차만별의 사물들과 끊임없는 만남의 연속이다. 그 만남에서 일어나는 순수한 정감이 시라면, 시의 마음은 유리구슬 같은 동심이고, 동심이 천심으로 통하는 것이라면 가난한 가슴에 천심을 소유하고 싶은 것이다.

오늘날 영상문화가 주류를 이룬 시대적 흐름 속에서 시는 소설보다도 더 외로운 섬이 되었다. 그렇지만 수천 년에 걸쳐 시의 명맥이 끊이지 않고 흐르는 원동력은, 다름이 아니라 시는 꿈을 추구하고 있기 때문이 아니겠는가?

꿈을 꾼다는 것은 그 자체가 각박하고 메마른 인간의 삶을 풍요롭게 하고, 세상과 삶의 비밀을 밝힘으로써 인간이 겪는 억압과 갈등을 해소하고 결핍을 보상하기에 오늘도 눈을 비비며 시를 쓰고 시를 읽는 것이라고 말해 두고 싶다.

관악산 낮은 자락에 초롱꽃이 영롱하게 피어났다. 범종의 형상을 닮은 초롱꽃은 죽음을 넘어선 원형圓形의 영원성을 상징한다. 종소리는 어둡던 마음을 환하게 깨워 준다. 쇠로 된 주물에서 생명의 맑은 물소리가 흐르는 것이다. 종소리는 귀로 듣는 것이 아니라 가슴으로 듣는다. 언제 들어도 신성한 종소리는 우리 영혼을 높고 거룩한 영토에 머물도록 이끌어 준다.

산들바람이 초롱꽃을 흔들면, 흔들리는 초롱꽃이 범종소리를 은은하게 데려와 귓속의 귀를 씻고, 가슴속 가슴을 적시며 맑게 피어나는, 그런 시를 쓰고 싶다.

2017년 가을에

김 장 영

김장영의 세상 읽기

문효치 _ 시인 · (사)한국문인협회 이사장

김장영 시인의 시집 《초롱꽃 작은 연가》의 원고를 읽어 본다. 칠십여 년을 살아오면서 세상을 둘러보고 생각하며 노래한 맑은 영혼의 기록이라는 생각이 들었다. 누구나 살면서 세상을 둘러보고 많은 상념에 잠기기는 마찬가지다. 그러나 이것을 '시'라는 그릇에 가지런히 정리하여 담아내는 일은 쉽지 않다.

채근담을 읽다가 얻은 한 구절이 생각난다. 곧 '人解讀有字書不解讀無字書'라는 말이다. 무릇 사람들이 글자 있는 책은 읽을 줄 알지만 글자 없는 책은 읽을 줄 모른다는 말이다. 글자 없는 책 無字書란 말은 무엇일까. 나는 그것이 이 세상이라고 생각한다. 흔히 세상은 커다란 책이라고 말하지 않는가. 이 무자서에는 온갖 자연의 오묘한 조화와 만물의 현란한 인연과 만인의 다양한 삶의 모습들이 다 담겨 있음이다.

김장영 시인의 시집을 읽으면서 나는 그가 無字書를 읽고 그 감회를 써놓은 것이라 생각했다. 다시 말해서 무자서를 有字書화 했다는 말이다. 이러한 작업은 매우 의미 있는 일이라 생각한다.

첫째는, 무자서를 읽어 낼 줄 아는 눈이 있다는 것이다. 그 무자서에 들어 있는 사물의 본질을 알아내고 존재의 의미를 파악하고, 그리고 그것을 새롭게 인식하여 언어화해 내는 일인 것이다.

둘째는, 이러한 작업이 무자서를 읽을 줄 모르고 유자서만 읽을 줄 아는 독자들에게 세상을 읽을 수 있는 좋은 안내서가 된다는 것이다. 세상 사람들이 두루 유능한 시인이라면 좋겠지만 그렇지 못한 것이 사실이다. 저마다 하는 공부가 다르고 하는 일이 다르고 또 세상을 보는 시력도 다르다. 그러기 때문에 시인의 눈을 통해서 독자들은 매우 손쉽게 세상을 읽을 수 있는 것이다.

시인이 서문에서 밝힌 것처럼 이 시집은 또한 시인 자신의 꿈의 기록이라고도 할 수 있다. '꿈을 꾼다는 자체가 각박하고 메마른 인간의 삶을 풍요롭게 하고, 세상과 삶의 비밀을 밝힘으로써 인간이 겪는 억압과 갈등을 해소하고 결핍을 보상' 한다는 신념을 갖고 있다. 그러기에 이 시집을 읽는 이도 함께 아름다운 꿈의 세계로 들게 될 것이다.

시집을 읽는 독자들이 점점 줄어든다고 한다. 순간적이고 자극적이고 표피적인 흥밋거리에 시의 독자들을 빼앗긴다고도 말한다. 진지성, 진실성이 없는 이러한 문명사회의 분위기가 우리 심성을 메마르게 하고 황폐화시킨다는 걱정도 많다.

그러나 시가 읽히지 않는 사회일수록 사실은 시가 필요한 사회라는 생각이다. 시인들은 이런 때일수록 더욱 부지런히 시를 쓰고 발표해야 할 것이다. 김장영 시인의 부지런함은 좋은 본보기가 되리라 생각한다. 앞으로의 문운장구를 빈다.

차례

제2부 맛의 고향

제3부 구절초 필 무렵

제4부 침묵으로의 초대

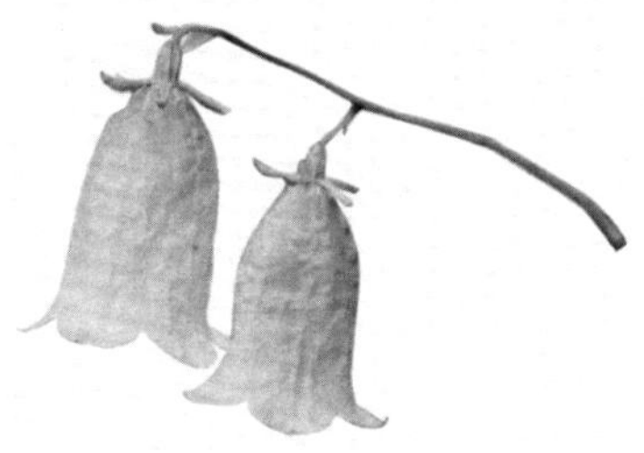

제1부

초롱꽃 작은 연가

내가 바라는 행복어사전이란
새로운 언어의 바벨탑이 아니라
모음조화가 풍성한 생각의 버튼을 눌러
환희에 찬 음악나무가 봉오리 터트리듯
경이가 솟아나는 마음의 요람이었으면!
– 〈행복어사전 만들기〉에서

화신 花信

얼음벽을 뚫고
불꽃 터트린 꽃망울들

복수초 히어리의 세세한 음성과
노루귀에 스민 자줏빛 사연까지

남루한 몸 한 벌
양광의 세례를 받으며
삼동에 뭉친 어혈이 풀리는 아침

생강나무와 더불어
씀바귀 향기로운 소식을
눈썹을 들어 넌지시 그대에게 전하네

행복어사전 만들기

요란한 색채도 무늬도 없는
내 꿈의 한 자락을 전송하지만,
말의 타락과 돌연변이로
훈훈한 미담에도 가시가 돋칠까 싶어

때로는,
내 침묵의 그릇이 넘칠 듯
찰랑이는 기척만으로도 그대 가슴에
큰 물결 이는 교향의 서곡이 되기를!

경박한 입씨름 끝에 퇴색된 걸까,
본디 꽃잎 같은 우리 어휘들
맑고 강건한 향기를 인화지에 옮겨
나의 행복어사전은 꽃밭이 되어 가지만
어엿한 문채文彩에 이르기엔
아직,
세심洗心의 교정을 거듭해야 하리

내가 바라는 행복어사전이란
새로운 언어의 바벨탑이 아니라
모음조화가 풍성한 생각의 버튼을 눌러
환희에 찬 음악나무가 봉오리 터트리듯
경이가 솟아나는 마음의 요람이었으면!

우리가 흐르는 물이라면

우리가 흐르는 물이라면
물굽이 돌고 돌아 어디쯤 흘러왔는가

높은 데서 낮은 곳으로 수월수월
어깨춤 펼쳐가는 여울물도 좋지만
비탈길 내달리다 무릎이 깨어져
좁다란 실개천으로 흐르다가도
목 타는 논배미 만나거든
몸을 비틀어 다랑이마다 흠뻑 적셔 주고

세찬 바람의 소용돌이에
물살 빠른 사념의 흐름도 잠시 멈추고
어딘가 깊은 골에 고즈넉이 고여서
홍련 백련 황련도 피워 보면 어떨까?

흐르는 가락에 몸을 맡기고
물결치는 예감을 교류하면서
먼 바다로 합류하는 서정의 부푼 물결
시혼詩魂의 발걸음을 함께하면 어떨까,
우리가 흐르는 물이라면

꿀벌의 독백

단, 하나의 사랑을 위하여
변방의 화원을 떠도는 노래는
가냘프게 흐르는 음향이 되어
땡볕에 기지를 옮기다 보면
매끈한 꽃잎의 사타구니 속으로
단꿈에 젖어 오소소 떨리기도 하지만,

관능의 젖무덤에 독을 뿌리고
다시 산정을 향해 비상하다가
햇무리에 눈이 멀어 절벽을 들이받고
곤두박질로 빈사지경에 이르러도
또다시 꽃의 잔해를 밟고
부리나케 이륙하는 날갯짓은
꿀보다 뜨겁고 강한 생의 울림이어라

언젠가는 필사의 힘으로도
뽑지 못할 침을 흔들면서 죽어 갈
아아, 그 순간의 영원을 위하여

체온이 상승하는 고공비행은
금빛 신호로 푸른 하늘을 스치고 있다

침묵의 그림자

누구신가요 당신은 언뜻언뜻
댓잎 바람소리로 기척하는
그림자 하나
출발도 마지막 종착점도 알 수 없지만

인적 끊긴 샛길의 적요 속에서는
포릉 포르릉 나는 멥새와도 갸웃이 눈맞추며
머물다 간 자리엔 꽃향내가 역력히 배어 있습니다

밤이 깊으면 산등성이 넘어
후미진 궁촌까지 홀로 걷게 하고
남루도 보배인 양 오두막 처마 끝에
또랑또랑 빛나는 뭇별들을 안겨 주시더니

눈 덮인 겨울 숲이 당신에겐
흰 꽃이 만발한 봄 동산이듯
인고의 세월도 대망의 푸른 날들이었음을
아아,
이토록 늦게야 만상을 비추어 보이시는가

가없는 사랑으로
꿈틀거리는 모든 생령들을
가솔처럼 서로 더운 손 맞잡게 이끌어
물살도 한 구배 뜨는 여울목까지
침묵으로 동반하여 주시는
당신은 대체 누구의 외로운 그림자인가요?

초롱꽃 작은 연가

우리 이제 가야 한다면
저녁세상 길머리에 작은 종꽃 매달아
스치는 바람에도 낭랑히 울리게 해야 하리

언제였던가, 이슥도록 건배를 나누던
아폴론의 잔은 붉은 포도주가 넘쳤지만
나침羅針 없는 출항은 한낱 허상이었던가
석양이 앞산 그림자를 끌고 가면
허무한 노래는, 갈대밭에 몸을 낮추고
밤하늘에 여린 별 하나에도 가슴이 메었지만

지상에도,
어둠을 헤집고 돋아난
빛과 소리의 작은 화신
초롱꽃 흔들리면 범종소리도 은은히 들려와
미물들도 저마다 눈망울 밝히고
풀잎에 이슬방울도 은화처럼 반짝이는데,

뭇별이 성큼성큼 발걸음 옮기면
꽃잎들도 하염없이 떨어져 내리고
그리움은 다시 자줏빛 어스름에 젖어
누워 있는 침묵, 저 바다의 깊은 적멸에 들면
그 사람 어디 있을까?
변방의 이슬밭 건너
함초롬히 당도한 이의 머리맡에
꽃초롱 하나 아련히 밝혀 줄 사람은

즐거운 여정

상서로운 어둠을 안고 길을 나서면
밝아오는 새벽 아카시아 길에는
바람만 바람만 육신의 그림자도 뒤따라온다

땡볕이 내리는 과원 길에 들면
과일들은 가지가 휘도록 살이 오르고
일상의 욕망을 달래줄 지혜의 감로수가
이끼 낀 바윗골 다래덩굴 아래 샘솟고 있을게다

경계 하나를 넘어서면
이방의 정령들의 따뜻한 영접으로
곰실대는 미물들도 눈빛을 밝히니
만상의 경외심에 잠시 숨이 멎고,
길이 사라진 곳에서는 물과 바다에 들어
심연에 비친 얼굴 들여다보며
보폭만큼의 자맥질로 사유를 넓혀 가고

저물녘
바람이 수그러져 닻을 내린 선창가
비릿한 선잠에 정박등 깜박일 때
파장한 여인들이 흩어져 간 골목 끝 대문 안에서는
또 하나 꿈의 집채가 기우뚱거리겠지만

굽이쳐 흘러가는 여정은
환희와 위로만이 아닌, 거친 풍랑에
표류하던 기억도 소금이 되고
파도가 뱃전을 두드리며 높고 낮은 화음을 일으킬 때
바다는 웅혼한 교향시가 되어 출렁이리

오늘도
살빛 다른 얼굴들과 마주해
해뜨기 전 빵을 나누고
먼 길을 떠난다, 여행자수표도 없이

흐르는 달

야삼경 범종루에서
서천 여울목을 내려다보니

은월당隱月堂 빠져나온 달이
지상에 펼치는 현란한 야상곡

수면에서 춤추는 달을 본다

가끔씩 물살 거슬러
건반 위로 뛰어오르는 연어를 보듯

담쟁이

친구여

우리가 쓸쓸한 것은

꿈이 야위어 가는 탓이라네

허공을 휘어잡고 꿈틀거리는 저 담쟁이넝쿨

발붙일 곳은 애초에 없었지만

목숨을 꼿꼿이 떠받들 꿈이 있어

몸이야 부서져도 절벽에 길을 만들며

오늘도 초록의 아픈 몸을 비틀어 올리고 있네

젊은 화가 M에게

욕망의 거품 속에서는 거품이 보이지 않는다
걸작에는 유혹의 그림자도 뒤따라
마녀의 눈웃음에
그대 영혼마저 저당 잡히면 어쩌나

박제로 쏟아내는 기획 상품들

값이야 감동의 호수로 매겨지겠지만
넋이 나간 백묘화白描畵 앞에선
큐레이터도 꿀 먹은 벙어리가 된다네
낯선 땅으로 떠도는 곡예사처럼
흐르는 것만이 그대 숙명 아닌가,
〈아비뇽의 아가씨들〉*에게 쏟아진 독설도
훗날 입체화풍의 효시라는 감탄사로 바뀌듯

명성에 따르는 부는 축복이지만
빈자의 자유를 꿈꾸던 '세잔'과 '반 고흐'처럼
시퍼런 고독의 심연에서 찍어 낸
점, 하나 푸른 눈동자로
청룡은 꿈틀거리며 우리 영혼을 안내하지 않는가!

* 아비뇽의 아가씨들 : 피카소의 입체주의 초기 작품

숙연宿緣

입동에 들어선 구름 한 조각
동지 근처에서 얼어붙고
황갈색 낙엽송의 바늘잎이 맨땅에 꽂히는데

밤이 깊을수록 욱신대는 애환 덩어리
섣달 거리에 흰 눈처럼 내쏟고 싶어도
탯줄에 걸린 천문성이
시혼과의 애달픈 교분으로
내생까지 이어질 숙연이 아닐까

여명에 불을 댕겨
업장 소멸하듯
선향 한 개비씩 사르며 손을 모은다

각고 끝에 얻어 낸
은유 하나가 금장처럼 빛나고
언 가슴 녹이는 손난로와도 같아서
변두리 풍경도 눈여겨 살피고
스산한 삶들도 끌어안으며
시린 서정의 뿌리 실하게 북돋고 있네

춤추는 채석강

글재간이 모자라 끙끙대던 날
채석강 시린 물에 이마를 적시노라면
어느 사이 〈기탄잘리〉* 한 소절에
굴원屈原*의 어부사漁父詞가 꿈결같이 흘러들고
비늘 달린 바다의 문체가 가슴을 덮쳐
상상의 너울 속을 자맥질하다가
밤물결 밀려드는 동굴에 턱받침하면
뚜룩뚜룩 내리는 별들이 내 영혼을 들썽거리게 했다

그 시절,
허옇게 내뱉은 물거품이 바윗장을 다듬고
바람의 신風輪이 깎아 올린 채석을 올려다보며
거칠고도 조급한 내 시심을 달래며 훗날을 기약했었지

이날에,
다시 적벽루를 찾아
창랑의 맑은 물에 발을 적심은
내 안에 끼쳐든 해감내를 말갛게 씻어내며
내가 좇는 시혼의 유장한 기품이란
켜켜이 쌓인 침묵의 검푸른 틈새로
이따금 번갯불 와르릉 내비치는 적란운과도 같은
사람의 마음을 전율케 하는 상상력과
폐부를 어루만지는 오보에 가락도 함께 지닌
저 바다의 웅혼한 내재율에 몸을 맡기고
또다시 꿈의 시편 백만 이랑을 펼쳐본다

* 기탄잘리 : 인도 시인 타고르의 시
* 굴원 : 중국 전국시대 정치가, 시인

오월

딱, 딱, 딱, 집을 파던 딱따구리가
싱싱한 햇살을 들이켜는 아침참에
늙은 텃새 까치에게서 쥐어뜯긴
왜가리 새끼 비명에 장끼 울음소리가
혼성중창으로 골짝에 여울지며
오월의 산하는 부산하게 몸을 푼다

나목의 젖꼭지는
한겨울 깊은 침잠에서
산이 뒤척이며 키워 온 꽃망울로
사방에서 생명의 등불을 밝혀드니
초록의 숲이 일깨운
하얀 오솔길은
어린 날 딱총 맞은 상처들도
아련한 꽃잎 문신으로 파릇파릇 싱그럽게 피워 내며
딱총나무가 일제히 총신을 밀어올리니
날렵하게 일으킨 몸에
땡볕을 장전하고
붉은 화살 하나가 바르르 떨며 날아간다
가슴 봉긋이 부푼 그대 순수를 겨냥하여

애일당愛日堂*에서

하루 24시간은 86,400초
금쪽같은 시간들을 물 쓰듯 하였구나!

〈이반 데니소비치의 하루〉는
솔제니친의 장편소설이 되었고
〈율리시즈〉의 하루가
누군가에게는 평생 삶의 숙제로 남는데

오늘도 나는
애일당을 배회하다
매취 값만 외상으로 미루고 돌아왔네

* 애일당 : 고봉 기대승 후손의 사랑채

화공의 노래

내 마음 그윽한 세계로부터
시들지 않는 연꽃 한 송이 얻어 내고저
그렸다 지우고, 다시 그려보아도
푼수에 못 미친 화필로 손등만 긁히는 세월에

불을 끄고 잠을 청하면
담장 밖에서는 우새두새 숲을 흔들며
새들은 승천의 날갯짓이 부산하다
어떤 새는 현호색 꽃잎을 따고
어떤 새는 수수꽃다리를 물고
부리와 날개가 작은 새는
산수유 꽃가지를 품에 안고 솟구치지만,

내 날개는 펄럭임으로 아롱질 뿐
추락한 욕망의 깃털로는 더더욱
봉황루에 얹힐 엄두를 못 내는데

새들은 날아오른다
드높은 창공의 주인이 되어
끝없이 날아오르는데
붉은 수수밭을 떠나지 못하는 바람처럼
온종일 연못을 맴도는 소금쟁이처럼
혼자 남은 공방에서
화공의 색연필 한 자루가
푸른 달빛에 사각사각 깎이고 있다

연꽃으로 받들 화엄 세상을 꿈꾸며

시인의 명함

유모차에 흔들려 가는 천도복숭아
젖니 두엇 새하얀 구슬명함 보이는데

할아비 문패가 걸린
산머리까지는 걸어서 올라야 할
앞이 아뜩한 등정
요절한 시천재詩天才들도 없지 않다

상처 난 곳이면 어디나
세상의 중심이 아닌 곳 없이
연민을 노래하는 뜨거운 이름자라
기억 저편에 묻힌
그리운 얼굴들도 속눈썹까지
생시처럼 환하게 환생시키고
들뜬 사상마다 제자리에 들어앉히려고

온갖 간난도 자청하며
길모퉁이 외로움끼리 하얀 인사를 나눈다

홀로 가는 수행자

– 달팽이를 위한 랩소디

저렇듯 느린 걸음의 몸에
견고한 비단길 하나 뚫리고 있다
쉼 없이 달싹이는 욕망을 다독여
솔잎 내리는 기척에도 움찔!
두 뿔 안테나 갸웃거리며
환희의 땅에 이르기까지
자벌레처럼 솟구쳐 깡쭝대지 않는 것은
단숨에 세상을 얻는 신화는 어디에도 없기에,

외로움이 몸을 옮겨
한 발짝씩
때로는 돌개바람에 아차차 헛발을 딛고 허공을 굴러도
어스름 잔광을 시그널 삼아 행선을 잃지 않는 수행자여
천금의 말문은 언제 열리는가?

감긴 눈은 졸음에 밀린 듯해도
감감 흐르는 우렛소리도 감지하며
마지막 관문의 구름 셔터가 번쩍 들리는 날
보아라, 느릿한 정진이 얻어 낸 금강지혜로
세계의 지붕 위로 펄럭이는 깃발
동남서북이 하나로 통하는 마음의 실크로드

봄비

대지의 종명이 하늘의 어둠을 허물고 있다

한파에 짓눌린 옹이 마디에
연초록 속잎 틔우는 소리
가만히 귀 기울이면, 산허리 간질이는 숨결과
흰 여울 일으키는 속살거림으로
강심江心은 날로 부풀어 꽃무지개 피어오르고

정교한 봄의 손놀림은
시들어 잠긴 고궁의 담쟁이도
또렷또렷 제 색채를 드러내 보이는데

저물어가는 숲길에
놀이 짙게 비낀 매화나무 한 그루
기혈을 끌어올리듯, 방울방울 수액이 오르면
마른 나뭇가지에도 망울망울 진분홍 꽃봉이 새로 돋아날까?

그대 사는 강마을 건너다보며
봄비 시름에 조용히 젖고 있네

어떤 문답

이팝나무 환한 그늘에서
젊은 남녀가 시를 읽는데
선생님이 문득 질문을 던졌습니다

“여러분을 끌고 가는 힘은 무엇인가요?”

첫 번째 학생의 대답에
선생은 얼굴이 붉어졌습니다
두 번째
세 번째 학생도
같은 대답이었습니다.

그날 해가 기울 때까지
노시인은 혼자서 술만 마셨습니다

파도

하늘이 찌무룩하게 내려앉으니
그리운 수평선이 가물가물 잠겨든다

수평선을 끌고 오던 파도는
방파제를 향해 솟구치지만
말갈기 하얀 포말로 부서지며
철썩철썩 내부로부터 붕괴되는 소리

부서진 그리움을 안고
달려오던 파도는 물결끼리 맞받아 소낙비 내뿜다
잠이 드는가 싶다가도 다시 솟구쳐
물결 하나가 돌진하면 뒤엣것이 따라와 겹쳐
더 큰 위력으로 달려오는 파도

너 나 없이 마음속에
흩어졌다 뭉치는 사념들
바다의 백병전은 진종일 그치지 않는다

나무

우람찬 나무 앞에 서면
저절로 머리 숙여진다
소나무 상수리나무 비자나무 벽오동

초록이 녹음을 길어 올리고
푸른 정기 내뿜고
고목高木으로 늙거나 생목이 베어져
가구와 의자와 나이테를 녹여 책을 선사하고도
아픈 자의 목발이 된 오름길에서는
무심의 먹빛 여운은 천년도 넘게
흙과 바람의 향기를 전해 주며
훗날 누군가를 위하여
역사를 기록하고 그 가슴에 담아 둔다

육신을 온통 비워서
목어木魚가 깨친 새벽 공기를
신성이라 호명하며 묵상에 잠기는데
나무의 덕성을 따르지도
나이테만큼 이루지도 못한 채
야위어 간 내 꿈의 슬픈 가락
어느 목어가 목을 꺾어 읊어나 줄까?
된바람에 진 낙과落果의 미향微香일지라도

또 다른 성녀

– 마더 테레사

콜카타 빈민굴에서
애처롭게 죽어가는 영혼들 앞에
영생의 기적을 입증하지 못했다고,
아침에 세운 서약의 뾰족탑이
저녁이면 와르르 무너지는 모래성이 된다고,

우글쭈글해진
내면의 자기 참상을 고하며
거친 손바닥으로 얼굴을 문지르는 수녀
신의 부름에
눈먼 듯 따라온 자신의 발등에
끝내 메울 수 없는 신과의 간극에
통한의 아픔을 쇳물처럼 쏟는 수녀

그녀의 참회록을 덮고 나선 산책길에서
꽃잎도 하늘을 향한 하늘나리를 보다가
땅바닥 쪽으로 어둑히 휘어진
푸른 잎의 겨드랑이에 까맣게 맺힌 씨앗
선홍의 꽃그늘 속에서
그 까만 씨앗이 불현듯 흑진주로 빛을 발하면서
옴팡눈의 또 다른 성녀가
내 마음에 불도장火印처럼 들어와 박힌다

가을 행진곡

술렁이는 거리를 떠나
물속 같은 고요를 따라 흐르다 보면
푸르고 찬 우물물이 가슴까지 차올라
작은 기척들도 도렷도렷 느껴온다

무화과나무 가지에 걸터앉은 햇볕은
열매 하나라도 더 익도록 뉘엿거리고
풀밭에서 몸놀림하던 바람이
금빛 깃의 새떼를 몰고 어디론가 사라지니
바람 따라 일어서는 아이들
잡았던 잠자리를 푸른 하늘로 날려 보낸다

하루해가 기울어
불붙은 단풍이 황급히 산봉우리로 치달아 오를 때
수면 아래로 고래처럼 잠행하는 나는
고요 속에 들리는 새로운 소리를 듣는다

뒤곁 밤나무 숲에서
툭, 툭, 알밤 떨어지는 소리
밤하늘 어디선가 성채星彩 내리는 소리!

매화제 梅花祭

백자 달항아리 위에 앉은 매화송이
하얀 축복이 하늘하늘 쏟아진다

한겨울 견딘 나무가 봄빛에 겨워
생시처럼 보여 주는 꿈은 아닌가,

함박눈인 듯 만개한 목련인 듯
낮은 구름 위에서 굽어보는 눈물꽃 축제

항아리는 해와 달을 갈무리하고
꽃가지는 풍상을 뼛속에 감추었구나!

만해의 등불

백담계곡에 발목을 담그고
푸른 등불 아래서 침묵의 시편을 다시 읽는다

"나는 향기로운 님의 말소리에 귀먹고
꽃다운 님의 얼굴에 눈멀었다"*

침묵의 미묘한 힘이
스무 살 내 무른 가슴에 사무쳐
침묵의 길을 따라 만나본 만해는
고비마다 다르면서도 같은 얼굴이었다

가슴속 정한을 드러낼 때
피리소리는 애잔한 가락이었고
진리를 설파할 때 단아한 풍채는
세속을 훌쩍 벗어난 선사이었지만
일제의 폭정 앞에서
민족을 위한 투사의 투혼은 불잉걸이었다

다시
정인情人으로 돌아온 시인의
만인을 향한 사랑의 찬가는
쇠—쇠—쇠—쇠—
백담을 채우고도 넘치는
혜지의 등불은 아직 꺼지지 않고
먼 길 걷는 이들에게 시향詩香의 만찬을 베풀어 준다

* 만해 한용운의 시 〈님의 침묵〉에서

석류의 시

내 안의 침묵을 지켜 온 시혼이
자꾸만
이제는 문을 열어 달라 하네

오랜 세월 내 몸을 채워 온 것들
봄 아지랑이 피어오르는 떡잎의 서시
푸른 숨결 나부끼는 나뭇잎의 잔상과
된바람에 허무하게 지던 꽃들의 환청

내면에서 날카롭게 벼려 온 것은
천둥과 해일 없이도 파열한다 하네
과잉의 사랑 견디다 제 가슴 빠개어
알알이 붉은 뜻을 고하며
애달피 궁굴려 온 내력 까만 기호의 옷을 입혀
은유의 푸른 장식 하나쯤 채워서
이제는 세상 밖으로 서둘러 떠나 보내야 하네

흐르고 변하는 아픔 가운데
아, 내 몸에서 떠나가는 것들
젊게 타오르던 환상의 빛은 되레 안목을 가려
무모에 가깝게 남겨진 과오의 상흔들
창작의 기쁨이거나, 값진 열매라 하기엔
차마 이별의 잔을 나누기도 힘겹지만

내 작은 노래의 뜨거운 소절들
이제는 세상 밖으로 보내야 하네

경수사鏡水寺*

두견새 우는 경수봉 아래
구름밭 가꾸는 윤사월 동화의 집은
사철 옹달샘물이 넘쳐흐른다

붉은 해가 아기섬을 어루만지며
저녁바다에 만다라曼荼羅*를 펼치면
목이 젖은 새들은 대숲을 찾아들고

산할아범의 동화나라
수각水閣의 하늘에도 아기별이 떠서
길은 서쪽나라로 이어지는데

시객詩客이
심중에 박힌 돌부리 하나 삭이느라
삭정이 군불 지피며 반삭 넘게 게을렀더니
뜰아래 어린 동백이 꽃망울을 터트렸다

* 경수사 : 고창군 심원면 소재 윤사월 시인의 집
* 만다라 : 불법의 모든 덕을 갖춘 경지를 이르는 말

제2부

맛의 고향

밀반죽 얄쭉얄쭉 삐져 넣고도
이마에 땀내며 그릇을 비워 내던 수제비 맛과
대물림 어머니의 장맛은 돌아오지 않고,
고깔과자 솜사탕으로 배불린 후에야
갓 따온 송이버섯 향내를 알 수 있으랴
– 〈맛의 고향〉에서

찔레꽃 어머니

오지독 다독이던 생전의 속울음을
구름에 실려 보내시는지,
찔레꽃 필 적마다 뜬구름 몇 송이 둥실거리는
고적한 북망의 뜰,
밟기도 참 밝소이다

산비알 보리밭 너머
해를 쫓던 두루미 모습
뉘우침 깊을수록 삭지 않는 이 아픔을
쏟기엔 댕그란 잔,
이 잔마저 비우소서

바람 타는 민들레꽃 홀씨들
발치에 두고서도 자식들 생각에
꿈에서도 죄던 가슴
하 많은 시름을 놓고
뿌리 깊게 내리소서

수련

어느 악기로 네 잠을 깨울 수 있을까
별빛 하얗게 옮겨 지새우는 숨소리뿐
시린 뜻 햇살 쏘이며 벙싯대는 이 아침

탁류에 뒤척이던 불면의 잎들도
정결히 닦아 옥색 하늘 받쳐드니
먼 바다 모래알들도 눈빛 환히 밝히리

바람에도 꺼지지 않는 등촉 띄워 놓고
잔물결 일 적마다 시름도 따라
시린 꿈 북돋우며 이슬같이 괴는 마음

맛의 고향

옛집 뒤란에
박꽃처럼 늙어가는 숙모님이
한 쟁반 햇과일을 내오셨다

가을 산의 황복숭아 먼저
한입 베어 문 맛과 향이 일품인데
이어서 맛본 새까만 머루포도는 지독스레 달아서
물풍선 터지듯 입안을 덮쳐 버린다
다시 복숭아를 입에 넣으니
어허! 아까 그 복숭아 맛은 감쪽같이 사라져
묘연한 맛의 행방

밀반죽 얄쭉얄쭉 삐져 넣고도
이마에 땀내며 그릇을 비워 내던 수제비 맛과
대물림 어머니의 장맛은 돌아오지 않고,
고깔과자 솜사탕으로 배불린 후에야
갓 따온 송이버섯 향내를 알 수 있으랴

맛을 골라 맛을 찾는 맛의 방랑이여
세상 어디에도 불변의 맛은 없고
담박한 맛들이야 도처에 스며 있어

텃밭에서 솎아 낸 배추뿌리 곱씹다가
문득 바라본 하늘, 복숭앗빛 저녁놀 위로
몸과 세상을 번쩍 들어 올려 주신
은발의 조촐한 접대가 융숭하기만 하다

겨울 삽화

남도의 작은 향토박물관
거미줄이 옭아맨 가마니틀 앞에서
가물대는 기억의 불씨 하나 살아난다

매헌당梅軒堂 낮은 지붕 위로
흰 눈이 높다랗게 쌓이는 밤
임자 떠나자 벌판 진 홀어미 옆구리에
나는 어린 견우로 대바늘을 잡고,
대물림에 닳아빠진 참나무 바디에
날줄 팽팽히 잡아매는 어머니 손목
힘줄 퍼렇게 튀어나올 때마다
짚밥 물린 대바늘이 날파람을 일으켜

한밤의 허리를 꺾는 바디질 장단에
싸락눈은 장지문을 들이치고
눈발 헤치고 갓 퍼온 동치미에
수수떡 감치던 그 겨울의 따뜻한 동화,
구들장이 식지 않도록
냉고래 깊숙이 맵겨 군불 우겨 넣으면
아궁이 밖으로 너풀너풀 기어나오는
매캐한 사연에 눈시울이 뜨거워져도

못다 본 책장을 넘기고 싶었다, 밤이 새도록
이따금
아궁이 밖으로 튀어나오는 콩깍지 불똥도 얻어맞으며

봉숭아꽃

봉숭아꽃 방싯거리면
누님 얼굴이 먼저 볼그름히 물들어
산뜻한 골무떡 찬찬 동여매고
은하의 길 쳐다보다 단잠에 곤드라지면
먼동이 트이자 피어나는 연분홍 손톱꽃

보면 볼수록 정갈한 빛깔에
지루한 장마도 꿈결같이 지나가고
추석날을 기다려 오므렸다 펴는 손가락
출렁이는 머릿결 매만질 때마다
거울 속에 나비들 비껴들고
다듬잇소리에 떨어지는 살구꽃 이파리가
어깨너머로 색종이마냥 흩어져 날렸지

옷깃 적시며 떠나던 날
종이배 띄워 보낸 가마득한 세월이
지금은 어데쯤 데려가 사시는지,

발길 들인 곳은 오류동 목장이라
꿀벌 치랴 젖소 먹이랴 아낙의 손이 닳아서
그립던 손톱꽃은 다시 볼 수 없지만,
지난해 복분자가 반농은 되었다고
발갛게 익은 딸기잔 마주하니
망사 그늘에 잠긴 볼이 분홍으로 살아나고
잇속도 가지런한 박꽃 웃음이
시름겨운 내 마음을 달래어 주었네

달맞이 남산길에서

1.

해마다 정월 대보름달은
입춘방 쓰던 아버지가 그려 주셨다
연한 붓이 삐쳐 올린 작은 가지마다
오롱조롱 매달린 여남은 식솔들
얼굴마다 화사한 매화꽃 피워 주시고
그 향기 머금은 달이
동산 어깨에 넌지시 턱을 고이면
소찬으로 둘러앉은 두레상에
덕담으로 배가 불룩했던 이웃 사람들

지붕마루에 흐르는 달빛
아래뜸으로 봇도랑 굽이치며
들판이 온통 달빛 천지를 이루면
징소리 환하게 술렁이는 굿판은
검둥이도 꼬리춤 흔들며 고샅길을 휩쓸었지만
북녘 하늘은 노상 마음 캄캄하여
등 심지 돋우며 이마에 철길 같은 가르마를 내신
어머니의 달은 우물 속에 숨어서 떴다

오곡밥 뜸을 들여 잡귀도 물리치는 날
내설악 고사리나물에 귀밝이 잔을 들고
추억도 얼어붙은 소월로素月路를 오르는데
겨울새 두엇이 허공 속으로 차갑게 묻히고
빈 둥지가 무겁게 마음을 흔들어 놓는다
장안 땅을 뒤덮은 빌딩숲으로부터
둥지 하나 허락받지 못하고
신문지로 엄동의 눈바람을 가리며
단란한 꿈을 데우는 저 광장의 노숙자들

망향의 정이 둥글려 내는 인절미 가래흰떡
모락모락 피어나는 훈김에
앞마당은 웃음꽃이 만발했지만,
강아지풀꽃만 시들어 잠긴 휴경농지
삽날에 불꽃이 튀도록
멍이 든 농심 속내를 파헤치고
이랑마다 매운 씨앗들 두둑이 뿌려 놓고
언제 다시 만나볼까 만반의 고향 달을

2

수국水國의 눈물과 지상의 한숨,
천상의 웃음소리로
역사가 되돌아 비치는 거울 속
파노라마로 숨겨진 달의 이력을 떠올려본다

둥근달은 지금쯤 어디서 배회하고 있을까?
남해 한려수도 풍광에 미끄러지다
노량의 해협 깊은 수심에 발목이 잡혔을까?
아니면 서라벌 옛 하늘 중천에 떠서
보탑寶塔 속 임을 그리다 몸을 던진
아사녀의 고운 눈썹만
구붓이 잠긴 영지影池 굽어보며
조각난 천년 사랑을 달래고 있는 것일까?

버튼 하나로 물신物神 달아오른
전광탑들은 현란한 거래로 불야성을 이루고
이슥도록 도시의 밤은 기우뚱대는데
잠을 설치는 충무로 퇴계로 카페 난간에 자물통처럼 잠긴 달

자고 새면 높아만 가는 장벽과 장벽 사이
위태로운 세기의 야음을 뚫고
화살촉 뜨겁게 당도한 오늘의 사발통문으로
목멱산木覓山* 봉수대에 당겨진 불길이 황급하다

국사당 표석이 달빛에 일어서면서
서리 돋은 갈참나무숲 위로 휘영청
서울의 달은 눈이 시리게 밝아서
아흐 다롱디리! 서로 그리운 보름달이여!
순정의 푸른 달이 한강에 얼싸 안기듯
천의 가슴마다 숨겨진 눈물의 골짜기
천의 달로 높이 떠서 멀리멀리 비추어라
북녘의 갑산 회령 개마고원 그 너머까지

* 목멱산 : 서울 남산의 옛 이름

선운사행禪雲寺行

선운사 가는 길에
미당未堂*의 사립을 밀고 들어서니
노시인은 구름바다 먼 여행 중이다

탁주잔 연해 기울이며
어둑히 걸어온 국화밭 돌아보면
뼈마디 안으로 이슬이 맺히는데
샛노랗게 벙싯대는 수천수만 화신들이
줄포만 갯바람 얼싸안고 추는 춤사위에
혼곤히 취했다,
고즈넉이 깨어 보니
꽃물결 사태도 바람이 평온하고
저녁연기 오르는 고을은 무사태평인 것을!

해종일 범종 소리 못 들은 채
어스름을 맞아 다라니를 외우는 벌레 소리
끊일 듯, 이어지는 가운데
석전石顚* 노장의 군기침 소리도 들려오는데

저 아래
오산 호반에 잠긴 달이
눈에 가득 금빛 광명을 채워 주는
여기가 바로 대가람 선운사가 아닌가?

* 미당 : 서정주 시인
* 석전 : 근대 불교 선구자 정호鼎鎬 선사

미당시문학관에서

미당未堂에 벌어지는 국화 향연은
번쩍이는 갈바람도 환대 받아
초옥 삼간의 생전 남루가
어쩌면 이리 덩실한 꽃대궐이 될 수도 있는가

젊어 한때는
여럿의 하늘을 머리에 무겁게 이고
아지랑이 속을 헤매기도 했다더니
한껏 풀어헤친 장미의 열정보다
단아한 황국의 넋을 기리던
동방의 시인,
꿈길도 아스라한 은하작교 너머
직녀의 한숨까지 올올이 길어 낼 줄 아는
선학先學을 만나기란 그리 쉽지 않은 터에

지금은 고창 하늘
국화꽃 그늘 아래 팔베개로 누워서도
소요산 마루턱에 흰 구름이나
골 깊은 홍엽의 치맛자락과도
허물없이 지내며 콧노래 흥얼거리리라

그 시절 나는 등심燈心 돋우며
화사집을 베끼던 견습공,
지금도 무딘 나의 재간
눈여겨볼 무엇 하나 있긴 있는 것인지요?

분청사기

약동하는 대지의 살 한 점
메치고 뒤쳐 거품까지 짓이긴 반죽으로
물레가 고르는 숨결에 혼이 담기는데

활활 타는 불길을 넘어
탄생을 알리는 조형의 세계,
침묵이 벼린 맥의 초점과 마주쳐
울림이 막힌 것들은 산산조각이 된다

백토물 머금은 귀얄붓 자국이
조화의 공을 이룬 회청 문양의
드러난 발매에서 농민의 체취가 물씬거리니
청자도 백자도 아닌
뉘에게 아첨하는 몸짓도 없이
멋 내지 않은 멋으로 멋을 지닌
담대한 활갯짓이 걸음을 멈춰 세운다

오랜 좌정에서 깨어난
조선의 혼이 검푸른 파도 건너 메트로폴리탄까지
아트자본주의 속살을 적시고 있다는
바다 건너온 뉴스도 새로운 혼의 결정이다

내소사 꽃살문

우물살창에 홍련 황련 모란꽃부리
찬란한 단청 빛깔은 가뭇없이 날아갔지만
그 향내 아직 코끝에 아련하니
누구신가,
봉오리 큰 서원을 세운 손길은

맨살을 드러낸 묘각의 꽃무늬는
해와 달이 지나가며 안개구름에 씻긴
고행의 역정이 서린 만행화萬行花라서
나직한 육성이 귓전을 맴돌아
눈 감으면,
생시처럼 귀환하는 각수장이
송알송알 맺힌 땀이슬 손등으로 훔치며
불길 속에 피어난 신묘한 꽃을 옮겨
세찬 바람의 명사鳴砂천리 사륵사륵 건너온 길에는
찬탄과 탄식의 한숨소리가 번갈아 들려오지만,

불전에 들면
뜨거운 꽃잎은 보이지 않고
심상의 맑은 그림자가 잔잔히 비쳐들어
지친 발길이 닿는 대로
꽃살문은
옹이에 마디도 풀리는 환한 여울목이다

동자승과 설경

큰 눈발 들이치는 밤바람 소리에
책장은 넘겨지지 않고
낯선 잠자리 몸을 움츠려
밤새 살얼음 낀 정적을 건너는데
산창이 밝아오도록
동자승은 새벽종을 치지 않는다
은빛 장대한 설경산수도를
첫 대면하려고
문 밖으로 너무 일찍 나왔던가
잠이 덜 깬 동자승
입을 비쭉이며 말없이 투덜거리네

만월

백자항아리를 어루만지는 듯
가슴 시리도록 차고 맑아 상서롭기만 한
대보름 달빛 아래 서면
어머니 젖은 손이 아련히 겹쳐 와
간절하게 숙이는 이마 따라
달빛도 한층 더 성스럽게 둘러서면서
기다림의 그림자는
더 높은 산이 되고 더 깊은 강을 이루며
우리는 우리네 아픈 땅을 보듬고 나달을 이어왔느니

모쪼록,
지상의 모든 가로등을 끄고
저 달빛을 온전히 누릴 수 있도록
비손의 정결한 시간을 가진다면,
일마다 막힘없는 원융의 힘을 빌려
부럼 깨듯 해묵은 탐애덩어리 부숴 버리고
달집 태우듯 비리에 엉킨 덩굴도 죄다 불살라
켜켜이 쌓인 속내마저 소지 올려 말끔히 비워 낸다면
휘영청!
차오른 달빛이 빈 등걸에도 흠뻑 스미어
영춘화 꽃싹 돋는 새 들판이 펼쳐질 수 있으리

감나무 아래서

석간을 펼쳐 보려니
나뭇잎 하나가
어깨를 툭, 말을 던진다

"가을이 깊어간다네!"

얼굴을 들어 올려다보니
늙은 감나무가 담홍색 의상을 벗고 있다
하늘에 주렁주렁 매달린 홍시가
환한 꽃등을 켜면
한 생애가 고요해지는 시간

여윈 나뭇가지에
무색하게 얹혀 있는 상현달이
넌지시 어머니 기일을 일러주니
감잎에 잡힌 잔주름도 깊어져
고개가 수그러지는 가을 저녁

몸이 한길 더 낮아지고 있다

달빛차茶

모난 세상 풍파에 시달려도
밤에는 교교히 달빛차를 마신다
몸가짐을 낮추고
찻잔을 받치는 정갈한 마음
은은한 빛깔은 눈으로 마시고
그윽한 향기는 코끝으로 마신다

멀리 있는 사람아
어스름 창가에 들릴 듯 말 듯
'비발디 사계'는 나직이 흐르는데
등불은 아예 켜지 않고
마주앉아 달빛차를 깊게 나누고 싶어
한 오라기 달빛
엽서에 받아내며
이렇듯 혼자서 달빛차를 마신다

저녁 안개 속에서

아침 이슬 무량한 풀밭 길을 여기 두고
멀리, 구름나그네로 떠도는 동안
강물은 야위어서 나직나직 흘러가고,
때없이 울어대는
귓속 귀뚜라미 울음소리마저
끊일 듯, 적막한 다릿목에서
어둑어둑 저녁이 오는 소리 듣고 있네

유년의 조막손들이 강가에서
해종일 모래성을 쌓다 허물던
솔기 없는 시간은 흔적이 없네
날마다 한 장씩
새하얀 도화지로 건네받은 시간의 선물을
무명으로 덧칠하여 파지를 낸
초췌한 초상의 거울 속 뒤란엔 바람이 일어
죄업의 색종이만 분분히 쌓이지만

따뜻한 손길로
내 은유의 흙 반죽 어루만지노니
하루의 덧문이 닫히는
이 적요한 시간은
스스로 번지는 먹물이 되어
오랜 친구의 젖은 안부를 묻고
내 사연 둥그렇게 엮어

적적한 그대 앞에
가장 나중에 보일 선물이라면
소엽풍란 향기라도 담아볼,
화초분
한 점이라도 단아하게 빚고 싶은 마음이네

참숯예찬

참나무는 불가마 속에서
불가마보다 더 뜨거운
불을 만들어 냅니다

나무 중의 나무
생목이 무겁게 베어진 참나무는
타는 불의 요요한 정진으로
체중과 버릴 것 다 버려진 후라야
참숯으로 탄탄한 명성을 얻게 됩니다

참나무는 죽어서도 죽지 않고
까맣게 타버린 백탄은
검은 육체 속에 밝은 불씨를 잉태하고
부활을 꿈꾸며

불덩이가 된 참숯이 제 몸을 조각내어
장독 속에 화염으로 띄워지는 날
세상의 오염 부패를 소탕하고
금줄로는 사악마저 물리치는
여러 겹의 마음을 가진 지혜입니다

고귀한 것을 탄생시켜 감싸주기도 하는
참숯은 태곳적부터 불의 길을 걸어온 것입니다

보문산 대안사普門山大安寺

단소 하나 품고
밤을 도와 도망친 법전사우法田師友
한밭골 부사동에 들어서니
부용꽃 피어올라 칠보계단이 환하다

비로자나 구품의 탑
높게 서린 한도
어느 세월에 흥으로 풀렸는가,

솔바람은 맑고
산정은 청신하여 눈이 부신데
나옹선사 글기둥에 기대어
졸음에 꾸벅이는 저 흰수염은 누구신가?

엄나무 밑에 웅크린 도둑고양이 거두어
선도리善乭란 이름으로 피붙이 삼고
산자락 채마밭은 가꾸는 둥 마는 둥
흐르는 구름에 맡긴 단소가락이
공양간을 가득 채우는 사이
박새 내외는 바쁘게도 한 살림 차리는구나

광덕사 光德寺

솔잎 공양으로 용맹정진하던
오랜 도반 야산당也山堂 찾아드니
산자락과 도량은 경계도 없이
세월에 맡긴 절간은 처마가 내려앉아
다람쥐는 멋대로 곳간을 드나드는데

활짝 열린 토굴 천장에는
마음속에 일이 없고無事於心
일 속에 마음이 없어無心於事
되는 대로의 삶을 보여 준다

때맞춰 화목의 곁가지 고르면
가끈 만큼의 소출로 배고픈 줄 모른다며
뜨락에 넘친 매향 잔,
천겁으로 이어진 봄밤을 나누다 보니
불그름히 동이 트는 새벽녘
퇴락을 머금은 노승의 미소가
밥풀꽃보다 넉넉하게 마음을 채워 준다

산벚꽃 흐르는 길

– 해안선사 부도탑에서

임이 떠난 자리에
뿌리 깊은 돌로 주저앉아
선잠결에 그 용상을 그려본다

흐드러지게 만개한 벚꽃송이도
잔바람에 분분설 쏟아져 내리니
인생사 모두가 꿈속의 꿈이라

봉래산을 울리는 사자후에
여울물도 출렁이며 푸른 길이 열려

산벚꽃 흐르는 길을
거슬러 가노라면
목숨이 소용돌이치는 돌배밭 그 너머에
생사도 아랑곳없는 별세계가 있었구나

여울의 음악

물살 빠른 여울목
조약돌이 연신
흐르는 물속에서 소리를 낸다
조약돌이 물살을 건드리는 것인지,
물살이 조약돌을 달래는 것인지,
눈을 감고
흐르는 음악에 귀를 기울이면
소용돌이치는 세상 이야기
누군가 던진 돌멩이의 파문까지도
부드러운 손길로
흐름을 다독여 준다
반복해서 돌아가는 녹음 테이프처럼

조약돌

세모 네모 마름모꼴의 돌들이
달각달각 또록또록, 또는 묵언으로
진종일 강기슭을 맴돌고 있다

멀리 흘러온 날들에
수없이 치이고 차이면서
갈수록 몸은 작아지지만
제 품만큼의 분수를 가늠하여
날선 각을 누그리고
모난 구석을 궁굴리다 보면
뜻밖에,
신비한 문채文彩가 몸에 새겨지기도 한다

쪼매한 몸꼴이라, 누군가
동댕이쳐도 몸을 바로 곧추세우고
육신이 닳아갈수록
눈빛은 더욱 맑게 반짝이리라만

누가 안다고 말할 수 있을까?
물살도 지울 수 없는
원 하나 품고, 둥글둥글
구르고만 싶은 돌멩이의 하얀 독백을

이슬꽃과 부전나비

먼 데서 온 기적처럼
이슬은
풀잎에 머물다 금세 사라지지만
그사이
얼마나 깨달음의 섬광들이 번쩍거리는 것인지!

이슬꽃 앞에서
누구는 초로인생을 읽고,
요동치던 욕망의 날들에의 뉘우침과
한 방울씩 떨어지는 이슬방울이
화강암도 뚫는다는 극진한 깨우침에
누구는 또 발등을 찍히기도 하리라만

풀잎에 맺힌 이슬이
눈부신 절정의 한때를 이루듯,
순간의 미학을 위해
이슬꽃 휜 그늘에 눈길을 모으며
무진한 상상력의 획득을 꿈꾸는 동안

짧은 일생을 사는
고운점박이 부전나비는, 밤새 내린
단이슬만의 포만감으로 사풋사풋
나비는 나비의 길을 가는 것이구나!

석남사 石南寺

오르는 길섶에 민들레 깃털이 날려
떠돌이의 추억도 어지러운데
산은 날더러 말없이 들라,
훠이훠이 노송도 팔을 저으며
눈이 시리도록 푸르름만 채워 줍니다

금족의 도량에 낯선 흙발이 들어선 줄도 모르고
금당마루를 닦고 있는 고운 손은
천수관음의 애린이 섬섬 배어서
티끌이 무더기 무더기로 쌓인 내 마음
어둔 구석까지도 하얀 손길이
청량하라, 물을 뿌리고
평안하라, 요령을 흔들며
조석으로 사붓이 다녀간 듯싶습니다

말없이 떠난 그대가
아카시아가 등불이 환한 그 새벽길로
초발심 여민 옷깃 늦추지 않고
금강계단에서 실과를 거두는 동안
나는 나를 속이고
선의의 눈망울을 속이고
한갓진 꿈을 들어 허명을 살찌우다가

뒷마당 엄나무 구유에 비뚜름히 목숨 기대어
가까운 훗날 내 혼백이나 진설 받을
제사떡을 스스럼없이 받아먹습니다

인절미 쟁반을 내려놓고
아, 잔잔히 돌아선 그대
소리 낼 수도 없는 이 아득한 거리에서
돋을새김 주련의 금박문자도
오늘 따라 마음 환하게 비춰 오지 않고
기침보다 참기 어려운 말문을
틀어막느라 나는 목젖까지 찰떡을 마구 밀어넣습니다

나는 구경 왔다 가는 행락객처럼
배만 잔뜩 채우고 일주문을 나서는데
뻐꾹새 울음 하나가 뒤따르며 가문비나무 숲을 적십니다
뻐꾹새 울음은 그치지 않고 덕현골을 내리 적시더니
끝끝내 그치지 않는 뻐꾹새 울음은
석남사 대웅전 너머
가지산 봉우리까지 온통 다 적시고 맙니다

사과를 깎으며

홍옥 하나를 접시에 올려놓고 보면
처음엔, 예쁘디예쁘다가
좀 지나면, 시디시다가
또 좀 지나면, 신비롭고 신기해
불쑥,
의문이 나온다, 어디서 왔을까?
이 모양의 빛깔과 향기, 그리고 이 꿈과 생명

사과가 걸어온 길을 되짚어 올라가 보면
필시,
하느님과 부처님을 만나기 마련인데
칼을 든 손들이
사각사각 하느님을 깎고
아삭아삭 부처님을 베어 삼켜왔다

무심코 칼을 들기 전에
한번쯤,
속뜻을 새겨봐야 할 것이
어디 사과 하나뿐일까?

여름안거 끝나는 날

구십 일 여름안거 끝나는 날
무릎을 휘어 짚고 고개를 드는 순간
홑청이 걷히듯,
세상의 첫날로 흘러드는 장엄한 빛!
들어설 때 전나무 숲길도 낯설고
외마디 산새 울음에
꽃잎 몇 낱이
천길 고요 속으로 떨어져 눕는다

연둣빛 인연

건들바람에 꽃잎사태 났다고
꽃 이별에 글썽이는 어린 누이여
가는 봄 잡아 두려 애면글면 말아요

인연의 고갱이는 순한 연둣빛이니
탱자나무 울짱 너머 멀리 내다보고
열매 속 흰 꽃송이 볼 가실을 기다려요

인생도 사랑도
낙화의 애틋한 석별 없이
새 희망의 계절을 맞을 수는 없는 것
인연의 무른 심지 상하지 않게
가시에 찔린 영혼의 뿌리까지
흐르는 바람결에 그냥 맡겨 두어요

꽃으로 만남도 낙화로 지는 이별도
오래 시들지 않는
연둣빛 인연에서 피고 지는 것임을
그대 일찌거니 깨우쳐 알고 있지 않은가?

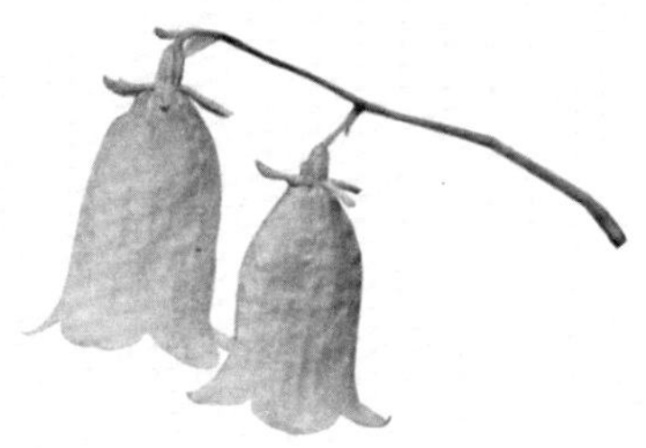

제3부

구절초 필 무렵

이별을 위한 이별은
공연한 눈물뿐이지만
크나큰 사랑을 위한 이별은
밤하늘을 밝히는
은하다리를 세울 수 있는 것일까
– 〈구절초 필 무렵〉에서

봄꽃들의 난전

찬바람이 아직 옷깃을 파고드는데
귀청을 울리는 스피커의 뻥튀기 공약에
왕벚꽃잎이 어지럽게 흩어져
지하계단으로 빗물처럼 흘러드는
2호선 지하철 입구

분홍의 꽃소식이 턱밑까지 다가와도
주머니 사정은 꽃 같지 않아
그냥 지나쳐 가는 봄꽃들의 종종걸음

팔다 남은 달래와 미나리 몇 단
떨이로라도 흥정 붙이기가 어눌한
할미꽃, 얼부푼 손등이 더욱 아리다

지나가는 발길이 잠시라도 그 앞에 머물기를,
시퍼런 손이 대어주는 등록금이
새파랗게 살아서 돌아오기를,
응달의 난전은 환한 햇살을 바라지만

수많은 변화 역사의 물결 가운데
바윗장처럼 끝끝내 변할 줄 모르는
잘난 인물들을 벽보에서 주시하고 있다
단호하면서도 유연해야 할 얼굴들이
하나같이 두껍기만 하니
어쩔거나!
먼 하늘 바라보는 봄꽃들의 난전

쓸쓸한 풍속도

-밥풀꽃 생애

지난 시절,
산모의 숟갈에는
아가의 울음이 밥알로 얹히고
납골당 상주에게도 흰 밥덩이가
이별보다 큰 슬픔으로 목에 걸렸네

어미 등벽에 매미처럼 매달려
울어야만 밥이 나오는 법을 익혀
볼때기에 함부로 밥도장을 찍다가
개다리소반 위로 지엄한 밥의 예절을 배웠지만
새로운 밥벌이로 낯선 길을 찾아
첫날은 따뜻한 밥통이 차차 무거운 족쇄로
종국엔 하늘까지 속이게 될 줄이야

밥의 폭군 앞에서는 제왕도 무릎을 꿇고
세계는 먹이다툼이 한창인데
갯벌에서 생애가 굽은 노파의 발등에
일몰의 붉은빛이 차갑기만 하여라

멀건 미음 한술로
기나긴 밥의 생애를 마치더니
무덤가에 밥풀꽃이 서럽게 피어나서
모질게 이어받은 풍속을 어쩌랴
가다가 허공에 나는 새라도 바라볼 일이네

11월

한 뼘 남은 햇살이
뉘엿뉘엿 넘어가는 산등성에
상념의 타래는 한 마장 남짓 풀리는데

한가로움도 과분한 탓일까
만나는 사람, 눈길 닿는 사연마다, 미처
감추지 못한 아픈 기색에 가슴골이 시리다
서릿바람도 쓸어가지 못한
삭정가지에 매달린 매미껍질처럼,
초록인 채 바스러진 젊은 잎새들
물집 잡힌 하소를 지나치자니
얼굴이 지레 상기된다 어쭙잖은 마음에

얼마간 남은 온기로, 얼마나
저들의 주름살 펴줄 수 있을까
돌아볼수록 크게 잡히는 나의 허물뿐,
호젓하게 보낸 해와 달이
어스름 빈 마늘밭까지 따라와, 다짐하는 건
내년에는 입안이 얼얼한 육쪽마늘
파릇한 새싹 길러낼 욕심

맵찬 생각들만 버스럭거리며
어디론가 가랑잎 하나가 굴러간다

빈집

하늘이 감빛으로 물드는 저녁
산새들은 둥지를 찾아 지저귀는데
숨차게 기어오른 버스는
먼지만 부려놓고 지나가 버린다

문패가 달아난 담장 위에
늦게 온 통지문 한 통
고딕으로 선명하게 찍힌
복지란 말도 잠시만의 위로였던가,
사방을 둘러보아도 허망한 것들
허기를 견디다 지붕이 내려앉고
저녁별도 가위눌림에 일제히 입을 다물어
안부를 물어볼 누구 하나 없다

어쩌면, 나 또한 폐허의 빈집에서
오지 않는 사람을 기다리며
기다림만으로 살아갈 수밖에 없는 것인가

고양이 뒤를 쫓아
바람도 발을 들고 지붕 위로 지나간다

에덴의 동쪽

지상의 낙원을 찾으리라고
에덴의 동쪽으로 뛰쳐나간 사람들
흘러간 영화의 주인공들을
구약에 비추어 다시 본다

묵시의 티켓을 쥔 일가의 꿈을 실어다 준 곳은
화성의 동탄 신도시 건설 지역

영천리에 사는 영감에게서는 밤꽃 향기 배어나고
신갈저수지의 젖줄이 닿는 문전옥답은 평화롭건만,
밤사이
갈치배미가 황룡이 되어 꼬리치니
내 집만 귀빠졌다 땅을 치는 금곡 할멈
황금알을 낚아챈 자를 쫓는 세무특공대
유산을 놓고 칼부림하는 카인의 후예들
시가 연기 날리며 독배를 들이키는
주인공의 최후 장면처럼
헛되고 헛되니 신도시 꿈도 헛되지나 않을까

솔로몬도 잠적한 탄식의 땅
동탄의 동쪽 땅도 에덴의 동쪽이요
황금에 물린 금곡리 땅도
평화가 깨어진 에덴의 동쪽이다

태풍을 기다리며

모래바람에 시달리다 못해
바람의 진원지로 군대를 보낸
중동의 어느 제왕의 심사와는 반대로
나는 태풍을 기다린다.
집채를 삼키고 농사를 짓밟지 않는다면,
무너진 논배미를 보수하는 농부의 마음이
그다지 어둡지만 않다면,

천둥번개와 함께 퍼붓는 장대비가
이끼 낀 바윗장과 천변을 때리고
천지를 흔드는 태풍을 맞이하고서야
단아한 가을을 환하게 맞을 수 있기에

귀에 못이 박힌 말들은 이제 거꾸로 읽는다

가령, 정치는 치정으로, 교육은 육교로
생전은 전생으로, 출가는 가출로 읽는 것은
오늘의 천사天使는 사천死川으로 멎어 있고
잔인한 오월의 꽃잎을 노래하지 않아도
태풍은 역사에 빛나는 궤적을 남겼기에

막막한 시대
마음속 찌꺼기까지 모조리 휩쓸어 갈
새로운 태풍의 눈은 어찌하여 보이지 않는가
불어라 싹쓸바람!

보현 천문교실

끝없는 별들의 행렬 가운데
창백한 점 하나,
지구별의 눈빛이 애틋하기만 하다

유리알 동심이
행성들의 일상을 엿보는데
일곱 별 정결한 북두마을까지, 분쟁의 굉음도
난민촌 아가의 슬픈 눈망울도 찾아볼 수 없다

탄생의 근원은 알 수 없지만
퇴락하는 초신성은
생의 종말을 성채 폭발로 장식하고
백색왜성으로 스러져 내 눈시울을 적시는데,
지상에서는
첨단공법으로 먹이연쇄의 뿔탑을 쌓고
몸집만을 위한 계산에 허리가 잘록해진 영혼들은
모래시계의 뜨거운 모래알로 흘러내리고

작은 먹잇감에 핵탄두를 들씌워
대륙 간의 공멸을 장착하는 시방
행성계로부터 핫라인 교신을 담은 캡슐이
잿빛 구름 꿈틀대는 대기권에 송달되었다

삼천대천세계의 현란한 파노라마가
정전되듯 멈춰 버린 보현산 전파망원경
매혹의 스타트랙에서 탈락한 쓸쓸한 귀환자로
별똥별 또르르 굴러내린 낙차 충격에
빨라진 심계항진을 제어할 방도는 무엇인가?

접안렌즈 밖 시야에는
비눗방울 웃음 날리며 다가오는 세 살배기
나는 두 팔로 아가를 부둥켜안는다
삼천 년쯤 지나서 만난 소행성 하나 올려다보며

목련

외로운 내 글벗이 아닌 밤
백목련 조등을 높게 매달아
돌문 밖 골목까지 환하게 비추고 있다

접었던, 꿈의 시학을
머리가 희끗해서야 가팔막 등정에 올라
백 천의 행과 연을 펼쳐보지만, 세계는
공허한 수레바퀴 소리뿐
영원한 시의 아포리아, 그 성벽 앞에서
가슴 졸였던 시편들이 하얀 조등으로 내걸려
휘도는 향내가 훅 코로 스며든다

줄기찬 퇴고에
파지의 꽃잎을 숱하게 날리면서도
목련의 뿌리가 퍼올리는 샘물 소리
가슴에 담아내지 못해
천리향을 감지하는 후각과
예지의 촉수를 더는 뻗치지 못해
하나의 꿈으로만 남겨 둔 화사집

한뎃잠으로 필력을 키워 온
백목련 붓끝이 이제 막 필랑 말랑
입술소리 연하게 틔워 내더니만, 오늘은
회심의 미소 머금고 잠이 깊은 만년 시학도

순백 의상을 용포처럼 두르고
허공의 침상에서도 턱을 곧추세운
그의 명패 위로 향연이 구름처럼 피어오른다

자화상

눈썹 사이 내천川자를 살피느니

세 번의 고비가 남긴
요행의 상처라기엔
바닷속 깊이를 알 길이 없다

힘겨운 인욕과 연민의
낮과 밤이 고스란히 고인
주름이 외길처럼 서럽게 뻗어나가
헤픈 웃음 없이 지나왔어도
입가의 팔자주름,
들여다보면 깎아지른 벼랑길이다

이날까지도
다함없는 약속을 잊을 수가 없어
나의 산줄기는 이제 막 봉우리 향해 숨이 찬데,
꿈길에 누가 숨어들어
조각칼 어쭙잖게 휘둘러 골을 파놓고
자꾸만,
오늘의 나를 훔쳐 달아나는가?

고사목

나이테를 헤아릴 수도 없이
속은 컴컴한 구멍이었다가
밑동마저 무너져 내리면
그 자리에
어떤 길이 새로 열릴 수 있을까

꽃의 환희와 영광의 열매를 얻기까지
천둥과 벼락과 모진 바람을 겪고
반짝이던 나뭇잎의 조락을 맞고서도
말을 삼키고 입을 다물어 온

빛과 소리와 향기의 묘혈墓穴

생산주의자들에겐
안중에도 없는 나무 미라
바람이 들락거리며 살을 말려 온
노거수老巨樹에 몸을 기대어 보면
그의 품에 일찍이 둥지를 틀고
사계의 풍상을 유창하게 읊조리던
새들의 소리가 들려온다

도라산역에서

– 경의선 개통 날에

문산을 흔들던 철마가 멈춰 섰다
석탄처럼 그을린 너의 잔상이
육친의 영정처럼 차창에 어리니
코레일도 도라지꽃 한숨만 올려붙이는구나

포연 속에 정지된
시간의 무덤을 넘어왔다지만
오월의 산하를 울리는 기적은
자신을 저버린 미결수의 신음소리로
철거덩철거덩 철마가 군사분계선을 넘을 때
온몸이 얼어붙는 전율의 시발역은 어디던가

신의주를 거쳐 모스크바까지
혈맥을 되살리려는 쇠마의 심장박동은
거대한 북풍을 숨긴 대륙의 기지개로
금강산에서 남행하는 열차가
그 무엇을 만물상처럼 쏟아내랴만

황소처럼 날라다준 화물들이 훗날
첨단상품으로 홍수지게 한다면 넌
문명만 싣고 기우뚱거리는 위험한 카라반으로
한번 구르면 망아지처럼 날뛰는
자본의 관능이 회오리칠 북녘 땅에
내일의 풍속도를 누가 그려 줄까?

기적소리에 달아나는 새들처럼
철마야,
발차신호에 나도 잠시 흔들렸구나

별들의 축제

토끼는 한 평의 풀밭이 놀이터지만
젊은 사자들은 들판을 질주한다

흐르는 볼을 쫓다 보면
어제의 동지가 오늘은 적이 되어
검은 돌풍에 무적함대가 기우뚱거릴 때
삼바 군단이 넘어지고 오렌지 군단은 깨져도
바이킹 후예와 더불어 태극전사의 형제들이다

역사를 왜곡하는 바나나킥은 맞받아치고
태양을 먹칠하는 검은 볼과
질병과 굶주림의 볼은 지구 밖으로 내쫓고
살상에 얼룩진 붉은 볼은 침몰시켜라

평화를 염원하는 볼은
날카로운 패스 연결로 중원을 조율하여

돌격신호가 떨어지면 비호처럼 날아서
단숨에 중앙선 넘어 페널티에어리어까지
온몸을 던져 골문을 격파하라

종전의 휘슬이 길게 울리면
포효하는 젊은 사자들은 모두
승자의 얼굴로 우뚝 새겨진다

두 얼굴의 모니터

거품처럼 불어나는 풍문의 발을 따라
해종일 전자사막을 질주하며
팔고 사고 웃고 울다
말씨마저 사보텐처럼 메말라 가는
몰풍시대의 낯익은 유민들

전자사막은
생계를 잇는 일터요 놀이터지만
또 다른 극장 속 막장은 종횡무진
검은 손은 행성까지 편취하려는 흑심을 품고
누군가의 음모에 가담하다가
배신의 누명을 게거품처럼 뒤집어쓴 억울함에
우욱, 분노가 정수리까지 치솟아 오를 때
냉수 한 사발을 찾는 대신
후욱, 촛불 끄듯 모니터 불을 끄면,

신열에 들뜬 마음이 가라앉고
빵처럼 부푼 세상이 한 막 벗겨지면
여백과 여운을 불러들인 모니터,
뒷면에 엉킨 속내를 말끔히 닦아내고 보면
내가 네가 되고 네가 내가 되어
살갑게도 하나가 된 마음은
천성까지 환하게 비춰 주는 신성한 거울이 된다

감회도 새로운 거울 속
그대와 나 사이
동심초 마음도 돌아오리라 싶어
아직 모니터 앞을 떠나지 못하고 있다

달콤한 풍경

어릴 적 알사탕 맛으로 인해
블랙커피는 손이 잘 가지 않는다

유전자가 어쨌든, 달콤함이란
젖먹이용 두유도 모유보다 달큼해져
분유시장 점유율도 당도에 정비례되는
자라나는 미각신경이 달치며 졸아
아가와 엄마 사이에 틈이 벌어지고 있다

쓴 소주잔도 기울인 끝이 달달해서
원치 않아도 길거리 젊은이들 식탁에
독설처럼 뿌려지는 감미료 세례,
석류나 모과향 품종은 도태될지 모르는 일

속까지 환해지는 박하정을 코로 음미하듯
살며 새겨볼 다채로운 맛과 향기를
당의정 삼키듯 넘겨 버린다는 것이
음의 높낮이와 강약, 변주가 내는 맛을 놓쳐 버리는 것처럼

복지를 향한 꿈도 장밋빛 정책도 붓놀림 빠르게 덧칠되어
한바탕 초목을 눕히고 간 흔들바람의
인상파 마네 모네 그림 속으로
세상이 온통 속절없이 녹아드는 풍경이다

스마트폰

고사리 같은 손짓 하나로도
만상의 꽃들이 무진장 피어나서
배금주의 냉혈 족속들보다야
기계 속 입김이 더욱 살갑고 훈훈해서

혼자서 숨소리 죽이며
손안에 탄약을 장전하고
촉각을 곤두세워 탐색전을 벌이지만
이어폰 떼어내면 이내 금단증상이고
배터리 떨어지면 어둔 터널이다

따뜻한 두레밥상 냉큼 물리고
베갯머리 아늑한 꿈의 침상마저
앵앵거리는 모기소리에 온통 빼앗겨
친구 약속도 후루룩 말아먹고 말면
앵도라진 그 마음 어떻게 토닥일 것인가

갈수록 스마트해진 당신
잘쏙하게 깎인 허릿매보다
천성으로 타고난 기품이 줄지나 않았는지
쇄도하는 전광 펀치에 시야가 흐려져
과녁 없는 시간의 화살에 속수무책인 채

고삐 풀린 경주마같이
질주하는 화면의 맨 끝 세상은 어디쯤일까
신호가 잡히지 않아 시선이 불안하다

학자와 미화원

친구 장례식장에서 두 인생을 보았다

학문 연구에 일생을 바친 학자
방대한 저술의 책갈피 속에서
생의 갈증을 얼마나 풀었을까
생전에 상복도 많아
줄줄이 보내 온 대형 조화와 안개꽃으로
겹겹이 둘러싸인 영정, 허공에 꽂힌 그의
시선은 근엄하면서도 외롭게 빛나고 있었다

평생을 길바닥만 닦다 떠난 미화원
먼지 날리는 하치장에서 점심을 때우는
그가, 여태껏 받아온 상이란 오직
가난한 아내가 차려주는 저녁 밥상뿐
영단에는 장미 한 송이가 낯을 붉힌 가운데
한 줄기 푸른 향연이 피어오르는데
재봉실 굵은 노타이 차림에서
그의 하얀 미소가 튀밥 터지듯 사진틀 밖으로
튕겨져 나오고 있었다

내변산內邊山의 절경

인적 끊긴 직소폭포
우르릉거리는 소리에 달빛이 갇혔네

비바람에 깎인 벼랑 끝에서
우레 소리로 부서져 내린 마음 끝에
한 방울
남은 슬픔마저 진주로 빛을 발하고

일만 생각 녹아든 자리에서
그대 얼굴을 다시 본다
깊푸른 못에 들어앉은 보름달 보듯

광화문의 변죽들

다시 한 번 변죽을 크게 울렸다

변죽이라면
그릇이나 세간의 가장자리
사람으로 치면
저 변두리 하류층의 미약한 노동자들

아주 먼 과거로부터, 툭하면
변죽을 울리지 말라고 얕보지만
변죽을 울림으로써 복판이 운다는 걸
늦게라도 세상에 두루 알려준다

변죽이 없는 그릇은
이미 그릇이 아닐 뿐만 아니라
모든 시간과 역사의 배경이 되어 주면서도
주역이 되지 못하고 항상 언저리를 맴도는
변죽은 늘 외롭고 쓸쓸하지만

가장 살갑게 웃음과 울음을 나누는 이웃으로
혈육과 다름없는 이름으로
슬픔이나 분노, 그 어떤 통한까지도
중심보다 먼저 꽃잎으로 피어나
우리 가슴까지 울려 주는 희망의 불씨들

촛불바다를 일으켜
탄핵정국을 거세게 몰고 온
2016년 광화문의 변죽들은
위대한 시민정신의 존재증명이다

바보의 벽

먼 훗날에도 사관史官은
탄식의 붓을 꼿꼿이 세워
그의 차갑고 무심한 시간을
바보의 벽이라 기록할 것이다

지배자의 아집과 독단으로
아홉 번 거듭 싸인 담장의 궁궐에서
밖으로 흘려보낸 화사한 연설문은
그저 빛 좋은 개살구였던가
입에 바른 원칙과 신뢰는 공허한 메아리로
이 땅에 시대착오의 돌연변이가 출현했거니

맑은 햇살과 바람이 넘나드는
유리 창가에 둘러앉아 차를 나누고
공화정의 미래를 향한 토론의 자리는
비선 실세의 꼭두각시 놀이터가 되고
세상과 시대정신이 빚은 오해와 갈등을 풀고
진정으로 함께 나아갈 번영의 길은
애초부터 겹겹이 담쌓고 장벽을 쳤느니

가계마다 빚의 수렁에 빠져들고
익몰溺沒에 처한 생령들이 울부짖을 때 그는
대체 어느 왕조의 뒤뜰을 한가로이 거닐고 있었던가?

구미가 당기는 것만 받아들이고
통치와 복종뿐인 외통수로
일신의 안위만 꽂혀 있는 부덕의 누각이
모래성처럼 부서져 내리는 현장을
역사는 시방 눈을 부릅뜨고 지켜보고 있다

귀로의 강변에서

해 저문 귀로의 강둑에 이르니
너와 나의
별자리 뜨던 강줄기는 야위어
수묵색 띠를 두른 채 나직나직 흘러간다

가슴 뛰놀던 저녁노을
매연 하늘에 까마득히 가려져
유실된 유채화풍油彩畵風을 무엇으로 되살리나

화해하기 힘겨운 세월을 두고
물새 두엇이 떠돌며 씻김굿 펼치는가
갈대숲에 숨은 별을 찾아 늦도록 서성인다

단풍

백목련 자목련 흩어지던 날
회야강回夜江 물결 따라간 사람
연어의 길을 찾아 나무 아래 앉았습니다

찻잔 속 들여다보니
산빛은 어제같이 푸르기만 한데
주름 잡힌 잎맥만 드러낸 채
얼굴 하나 부끄럽게 떠 있습니다

모천을 거슬러 오르는
연어의 몸 빛깔
빨갛게 타는 몸으로 저물고 있습니다

일어나 비추어라! 독도

일어나 비추어라!
물새 울음도 파도소리에 잠긴
동해바다 멀리 눈길 잡아끄는 돌섬
해저산맥으로 내통하는 반도의 작은 영토

경계도 선명한 해류가
오르락내리락
교역과 함께 화해도 깊어져라
짐짓 너털웃음을 보내는 우호의 바다에
왕왕 괴이쩍은 몸짓과, 등 뒤로
찰까닥대며 살아나는 군홧발소리

거짓된 역사는 그릇된 교학을 낳거늘
제국에 압살된 수많은 원혼들이
열도를 에워싸고 아우성치는 지금도
맹독성 사료로 어린 영혼을 사육하는 나라

일본의 태양은 일찍이 빛을 잃었다

선린이라 부르기엔, 질기기 만한 몰염치로
야욕의 덫에 또다시 망령되이 빠져들면
청맹의 나라에 태양은 영영 뜨지 않으리니

사납게 쇄도하는 파도에 맞서
응회암의 의기와 명징한 슬기로
일어나 멀리 비추어라!
새 물결 넓혀 가는 세기의 평화강령을

신륵사 전탑塼塔

고귀한 발자취를 찾아가는 신륵사길
탑전에 이르기까지
앳된 얼굴들이 줄레줄레 따라온다
국민 심판을 외치다 지친 샛노란 침묵과 함께

태평소 가락 맑게 흐르던 시절
도자陶瓷의 세상은
흙벽돌 하나에도 찬물로 씻은 마음을 담아
이슬방울이 모여 바다를 이루듯
저마다의 염원이 거룩한 탑으로 솟아
내 안의 너를 흔들면 신명도 함께 깨어나
사부랑삽작 탑신 너머로 환희의 꽃들이 만발했으리

이날에 와서
세종로 광화문에 범람하는 행렬의 촛불은
백성을 지켜 주는 법은 어디에도 없다는 허탈과
깨어진 신뢰에 대한 항거의 불길이니
민생을 외면한 선량들, 까치발을 세우고
일신의 영달만을 좇다 와르르 무너져 내리는
갈림길에서, 봉미산에게 물어본다
남한강을 끼고도는 저 황포돛배 가는 길 끝에서
새로운 바닷길은 의기차게 열려 가려나

‘자격루’ 와 ‘혼천의’
‘관천대’ 오르는 마음이 경건해진다
우연에도 순리가 숨어 있으련만
작은 자물통에 큰 열쇠를 집어넣으려는
명견도 없는 소수가 다수를 억압하며
거짓이 판치는 정상배의 굿판은 그만 거두었으면

선향 한 개비를 사르고 돌아가는
세밑 길은 눈발이 하얗게 내리고 있다

* 전탑塼塔– 흙벽돌로 쌓은 탑

구절초 필 무렵

여우비 그친 산자락에
황국보다 앞서 피어난 꽃,
드센 바람에 번갯불 번뜩이는 천둥까지
아홉 굽이를 넘어온 순백의 꽃 앞에서
이 떨림은 어디서 오는 것인지

나는 잊지 못하네
하늘거리는 구절초 향기 한껏 안고
재 넘어 사라져간 긴 머리의 뒷모습을
푸른 나이 꺾이며
간구하는 꿈의 향기는
눈과 귀가 닿을 수 없는
천년 마애불로 말없이 스며들었는가

이 밤도
두견이 울음소리가 적막만을 쌓고
이별을 위한 이별은 공연한 눈물뿐이지만,
크나큰 사랑을 위한 이별은
밤하늘을 밝히는 은하다리를 세울 수 있는 것일까
몇 세상을 지나서도 기다려
만날 수만 있다면, 구절초 피는 날
구구절절 시의 꽃사슬 안겨 줄 수 있으련만

불타는 산봉우리가 밤바다에 가라앉자
도란도란 여울지는 야곡에 젖어
꿈결처럼 멀어져 간 초록별 하나 찾고 있다

가을연가

푸른 하늘을 섬기고 싶은 날
햇살이 서러워 밖으로 나가면
이런 날을 기약하고 떠난
그대 숨결이 늑골 사이로 스며든다

맑은 심상의 행간을
새가 되어 건너다니지만
보일 듯 보일 듯 보이지 않는 그대

내가 떨어뜨린 이슬방울이
그대의 꽃으로 돋아날 것이기에
그대를 향해 더욱 깊어만 가는 가을밤

무서리 하얗게 내리는 날
황국으로 피어난 우리 이야기는
먼 훗날
금이 될까?
은이 될까?

구도자의 일상

길에서 길을 묻고
집에서 집을 찾는다

자성을 그리기 위해
화가는 색색의 물감을 풀고
근원을 노래하기 위해
시인은 언어의 거미줄을 늘여 놓듯이

팔만 사천의 말씀도
'마음' 하나로 돌아가
배고프면 먹고
졸리면 자는 것이 불성이라고?

하여도
안개 속에 물러앉은
만다라曼荼羅의 변신을 좇아
하루해가 뜨고
하루해가 지는
구도자의 일상

어느 날에 달을 가리키는
손가락쯤 되어 볼까?

광장에서

– 태극전사에게

엇갈려 동강난 길들이 모여
천만 볼트로 달군 마음에
용수철 튀어오르는 몸짓
꽃잎네 빰에는 반짝반짝 이슬이 어린다

붉은 함성이 깨운 새벽은
신선한 의욕이 넘치는 미래의 베이스캠프로,
어쩌다 첫 골을 빼앗기고
가망 없는 후반 45분을 살면서도
열망은 활활 타오르는데

또다시 순간의 명제를 놓치고
문전에서 우왕좌왕 머뭇거릴 때
파도타기 응원의 박수갈채
웃음의 폭풍으로 재촉하는 건
황금의 역전승이니

저 높은 장벽을 넘어서는 날
우리는 볼 것이다, 아침 해 하나씩 보듬고
집으로 돌아가는 군중의 환한 뒷모습을

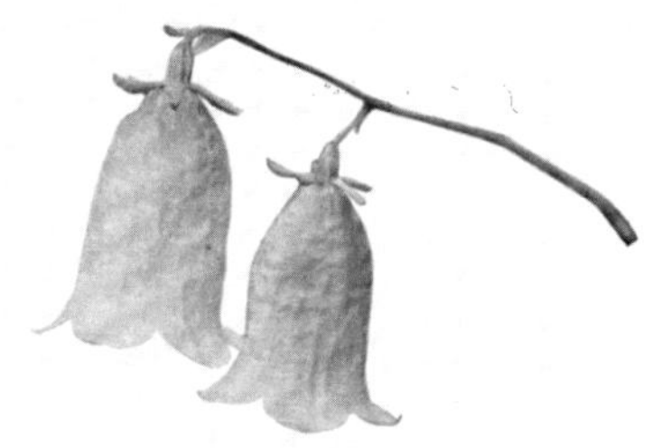

제4부

침묵으로의 초대

침묵은,
누구라도 생의 숭고함과
삶의 풍요를 키우는 자양분이니
무거운 머리, 헐벗은 두 손 내려놓고
어서 들어오시죠
고요의 환대를 한껏 받으며
새벽빛 예지가 깃들인 침묵의 시간 속으로
– 〈침묵으로의 초대〉에서

푸른 연가

– 환의換衣재*를 넘으며

억새꽃 하얗게 물결치는
덤불길에 그림자 하나 기다려

오늘로 몇 날 만의 상봉인가
강나루 건너서 도보로 칠십 리
모녀가 쪽빛 하늘 나누어 이고
고갯마루 바위방석에 마주앉으니
보자기 속에서 놀란 듯 얼굴 내미는
석류 아홉 개와 남도산 모과 다섯

어린 날, 석류알을 꿰어 목에 걸고
떠도는 탁발승 뒤따라 철없이 읊조리던
염불송에 숨은 뜻이 이토록 깊었던가
우둥퉁한 모과 하나 두 손에 받쳐 드니
울타리 없는 큰 집 지키며 뒤틀린 모과나무
어머니 세월을 떠올린 밤이면
산모롱이 웅숭그려 오는 찬바람에
새벽종 울 때까지 단잠을 못 이룬 터에
새로 지은 가사와 숯물 들인 무명바지
덧버선 한 짝까지 햇빛 같은 속옷 두어 벌에
온몸은 금세 따뜻하기만 하여라

나이 들 때까지 오직 한 분의
스승이었던 청상의 어머니
회한의 정 회초리 꺾듯 짓누르며
혈육 한 점 깊은 산속으로 등 밀어 보낸 후

해마다 찾아오는 망초꽃, 안마당까지 우부룩한
정적의 우물 속 깊이 미처 다 헤아릴 수는 없지만
청석골 낡은 암자에 서책 빌어다
밤마다 하얀 등 하나 품고
서툰 붓글씨로 엮은 반야경 필사본을
작별에 앞서 사미니 무릎 위에 올려놓는다

–경전 말씀 기대어 어머니 삼고
기른 공덕 희사하기를 아버지로 여겨
마른땅 적신 실개천이 바다에 이르듯
한 층씩 덕행 높이면 세상의 등불이 되리

모녀가 속정 나누기는 가을볕도 짧아
좌정한 어머니가 묵묵히 속눈 떴을 때
사미니 이마는 땅에서 떨어질 줄 모르고
소나무들도 무릎 꿇고 두 손을 모았느니

내리막길에 주춤주춤 돌아선 어머니
솔바람에 쓸리는 백발이 구름 같아서
사박사박 사미니 걸어가는 길에
먼 산은 하염없이 젖어 오는데
어디선가 날아든 나비 그림자 쫓다보니
등골이 시리도록 들이댄 청람빛 하늘이
날이 선 비수와도 같아서…
넌출지는 생각들 걷어내고
청청한 걸음으로 일주문에 들어섰다니

지금쯤
어느 하늘가에 머무르는가
눈부신 이마에 이슬로 맺힌 서원을 두고
전설 속에 피어난 꽃잎 같은 사미니여!

그날의 어머니 말씀은 이날까지도
나직이 울리는 풍경소리처럼
어엿한 비구니 가슴속에서 평생을 요동치리라

* 환의재 : 변산반도 부안 진서에서 내소사 방향으로 넘어가는
산길로 속가의 어머니와 출가승이 상봉한 전설의 고갯마루

노고단 화두

어머니의 산이라 부르는 지리산
노고단에 별똥별이 쏟아지던 날 밤
아이가 내게 물었다

"저 많은 별들은 어떻게 생겨났나요?"
"빅뱅이라는 우주 대폭발로 해와 달과 별들이 탄생했단다"

아이가 또 물었다

"빅뱅이 벌어지기 전 거기엔 무엇이 있었나요?"
"……"

아이 질문에 즉답을 내지 못한 나는
백발이 되도록
'노고단 화두'에 매달려 있다

옥죽선 玉竹扇

변산에서 부쳐 온 둥글부채 한 점 받고
댓잎 스치는 바람결에 외려 잠들지 못한다

죽편 얇게 저미어 금선琴線같이 떠낸 대오리
전주한지 탱탱하게 풀을 먹여 가피한 것
선면에는,
수묵으로 피워 낸 은방울꽃
방울꽃이 한차례 청풍을 불러일으키니
눈썹에 얹힌 열기마저 티끌처럼 달아난다

지상에 청청한 몸 하나
옹차고 웅숭깊게 마디 짓더니
살진 바람 풀어놓는 그대의 나무를 본다
그 대숲 아래서
맑은 날에도 가랑비 오는 소리 가랑가랑 젖다 보면
시름의 뿌리마저 꽃잎처럼 낙화하는 것을

향 어린 바람에 꿈은 다시 부풀어
서해바다 멀리 돛배 하나 쉽게 흐르는데
썰물 한 자락이 사르르 홍조를 띠고
허허, 갯벌이 건네는 잔을 어찌 사양할까마는

내 가냘픈 단소 하나 품고 떠나서
바람의 편력에 애만 닳은 생애가
부끄럽구나, 저 모항母港을 굽어보는 큰 바위 앞에서도

그렇다 해도, 무릇 꿈꾸는 일이란
남은 목숨 가누어 쑥빛 하늘 받쳐 들고
대꽃이 피는 날을 기다림이니
인욕도 자양분이라 곰곰 삭힘 직하리
까아만 죽실 한 줌이라도 여물 수만 있다면

도드라진 댓살 점자 읽듯 더듬어
어둠도 찬찬히 뚫어 보노라면
야명주같이 환한 손길이 거기 있으매

가슴속 가야금 줄이 제곡에 가락을 떼어
산들바람은 산들산들 하얀 밤 능선을 타고
둥깃둥, 깊은 산 한 채씩 뉘었다 일어 세우는데

무심코 바라본 새벽하늘에는
푸른 별 두엇이 남아 두런거리고 있다

선사의 눈물

졸지에 가친을 잃은 애자에게
선사는, 먹물이 번진
눈물처방전만 멀리 보내왔습니다

난간도 없는 눈물의 궁전에서
슬픔이 다하도록 울라 이르심은
수정궁 바닥에 박힌 진주를 보라 하심인가

여래의 연꽃을 받고
말없이 화답한 가섭迦葉*의 미소에서
아른아른 배어 나오는 환희의 눈물과
인고의 향기를 사무쳐 감촉하니
정情의 구슬을
어느 보물에 견줄 수 있을까

입적하며 내비친 선사의 이슬방울은
눈물이 눈물을 삼키고 더금더금 불어난
역대 불모佛母의 따뜻한 젖줄로
어린 소나무 우람히 키워 내고
가시연 꽃망울로 내일을 기약하니
산색은 어제처럼 푸르렀습니다

두견이 붉은 울음에
영산백映山白은 맑게 깨어나거니
어쩌다 여우비라도 흩뿌려 오시는 날엔
단비 맞으며 온몸 함초롬히 젖겠습니다

* 가섭 : 석가여래의 상수제자 가운데 한 사람

바다의 경전

– 중도에 대한 소견

중도란 말의 발빠른 기수가 되어
툭하면 우르르 바닷가에 배수의 진을 치고
수면 위로 얼굴 내민 첫 태양마저
척후병의 활시위라 선동한다면
작은 영웅들이여
광기 어린 북채를 던져 버리고
청정한 바다의 경전을 받들어 보라

세상의 온갖 탁류를 받아들이고도
태고의 푸른 항심恒心을 증명하는
바다의 경전을 모르겠거든
차라리 갯바위나 등지고 앉아서
깊이 생각해 보라

바람 불면 바람보다 먼저 엎드리고
파도치면 물결보다 깊이 잠기면서도
좌표를 잃지 않고 곧추서는
그 정점에
중도로 가는 관문이 열릴 것이니

가도 가도 발길 닿지 않는
저 수평선의 회색 지역은
해룡이 은신하는 몽환의 경계일 뿐
동남서북으로 활짝 열려 있으면서도
외통수 진보에 발목 잡히지 않고
필생의 신념과 위용을 지켜가는 길

민심의 칼날 위를 걷는
중도의 길은
시류의 묘를 몸에 익힌
영웅만이 가는 대아의 길이 아니겠는가?

만추

갈걷이 끝낸 빈 들판에
초로의 한 사내가 걸음을 멈춥니다

석양에 늘어지는
제 그림자 돌아보며
구붓이 몸을 낮춰 두 손을 모읍니다

두 손 안에
노을이 가득 들어차 있습니다

따뜻한 세밑 거리

함박눈 내리는 길거리에
내걸린 냄비가 펄펄 끓습니다

전자상가를 스치는 찬바람 속에서
냄비뚜껑이 우둔해 보이지만

메가폰에서 굴러나오는 종소리가
서벅서벅 지나가는 사람들 가슴을 데웁니다

손끝에 만져지는 동전의 차가움과
구겨진 지폐 한 장의 메마른 촉감도
어느새 훈훈한 손길이 되어

한 해의 끝자락으로 들어선
골목은 하나둘씩 창문이 밝혀지고 있습니다

봉암사

부처님 오시는 날 하루밖에는
여간하여 열리지 않는 희양산문

도계를 지나
이화령을 넘어가는 길에
가은터미널에서 만난 젊은 한 스님
함평에서 동안거 풀고, 행여
마음벽에 틈이 벌까 단숨에 올라오는 길이라는데

들어서는 산문은 소나무 터널이다
성철性徹, 청담靑潭, 향곡香谷, 자운慈雲
보폭 큰 스님네가 이 길을 덥게 오르며
한때 스스로를 바윗장 아래 결박지었다니
더욱 우람하여 이마가 번쩍이는 바위산 봉우리

금색전은 적요의 빛을 내뿜어
둘레는 수심 깊은 바다를 이루는데

올. 일. 없. 다.
하여도 무작정 찾아간 터에
휴휴실 선지식은 출타 중,
"누구의 법문을 따로 청하려 하느냐?"
등짝을 때리는 누가 있어 화들짝 돌아보니
육조 혜능 조사의 매서운 경책이라

하산길 잔설 밭에 죄업장 부려 놓고
혼자서 목청 높이는 내 하얀 노래에
얼음도 풀리는가, 발밑에 물소리 돌돌거리니
오호라,
이 희한한 눈꽃의 마음 뉘에게 전해 볼까?

접시 닦는 할미꽃

단풍객 일행이 떠내려가고
어스름 문턱에서
멧새 두엇이 방안을 기웃거린다

하늘에 너울대던 후박나무 잎들이
다갈색 문양으로 한마당 내려앉으니
건너 산 반야봉이 산뜻하게 다가서는데

제기접시 닦으며 꾸벅이는
저 은발의 할미꽃
얇은 어깨는 산그늘에 젖어도

마음은 벌써 구름다리 지났는지

향 어린 바람의 손이 마루청에 들어
책장을 넘겨보며 경전을 어루만진다

참외

난전에 뒹구는 참외 몇 개
청석골 선대의 상석에 씻어 앉히니
얼굴빛 말갛게 내려다보는데

덩굴손 마디 하나에
하나만의 외꽃을 둔 까닭은 이제
뚜렷하고 분명해졌지만

시간의 마술에 생을 휘둘리다
푸릇푸릇 멍꽃 문신을 들어앉힌 채
선영 앞에 낯이 서는 말은 더더욱
한마디도 올리지 못하는 미약한 손孫으로

덩굴손 끄트머리에 참으로 외롭게 매달린 외꽃

나뭇잎 사이로 새어드는
볕뉘나마 그득히 고여서
한결 내밀하고 둥글게 익어가기를,
명치끝이 뚫리는
청석골 샘물만큼이나 이가 시리도록
상큼한 맛의 기억으로 오래 남아 있기를

노송을 껴안다

와룡선산에 낙락장송 한 그루

무성한 가지가 높다란 누마루를 짓고
층층이 하늘의 푸름을 끌어당기는
고목의 뿌리에 앉으니
누군가 낮은 음성으로 말을 걸어왔지만
이따금/바람이/말을/ 끊고/귀를 막아
말길을 잃은 채 선잠에 들었던가

고목의 뿌리가 가지 끝으로 팔을 뻗어
머리를 어루만지며 연신 말을 걸어왔지만
가지 끝까지 오르지 못한 나는
가지에 매달린 속뜻을 읽지 못하고
가풍마저 본분을 벗어난 죄의 미생未生으로

모토母土의 흙 한 삽과 햇볕 한 뼘으로
어린 날 이 언덕을 떠나
개천을 나는 꿈도 아닌 불면의 오랜 뒤척임에
와락, 노송을 껴안고 묻고 또 물었네
온 생애가 담긴 침묵의 두루마리를 어떻게 펼쳐야 할지

길이 끊긴 중도의 행각에서
쇠뜨기처럼 무릎 꿇린 세월을 피 닳게 우느니보다
진토에 묻힌 말씀 되새겨
여생의 힘으로 꽃향기 맑게 피우리라 속다짐하니

풍채도 우람한 노송이 몸을 젖히며
푸르른 달을 어깨 위로 넌지시 올려준다
참았던 눈물 같은
잘 익은 상념 같은 둥근 달을

선사의 열반송

가야산 호랑이 스님은 마지막 게송으로
"남녀 무리를 속인 죄업이 하늘을 넘친다" 했고

서암 노장 스님은
"그 노장 그렇게 살다 그렇게 갔다 해라" 당부했는데

'생명나눔실천본부'를 설립하고
자신의 육신을 사전에 기증한 법장 스님
스님의 열반송은 지금도 2절, 3절… 이어지고 있다

선사의 마지막 경책

열반을 코앞에 둔 어느 선사가
아파 죽겠다, 방바닥을 치며 소란을 피우니
참다못한 한 제자가 정중히 말문을 열었다

"스승이시여,
육신의 헌옷을 벗는 아픔인 것을
이리 야단을 부리심은 덕 높으신 체면이 아니오니
사도師道의 위풍을 담벼락처럼 지켜 주십시오!"

그러자 선사는
제자를 가까이 불러 앉히자마자
눈 깜빡할 사이 뺨을 때리며 다그쳤다

"어서 일러 보거라, 이놈아!
아프면 아프다 말하는 게 내 면목이거늘
아파도 아픔을 속이는 게 네 체면이더냐?"

앞이 캄캄한 제자가 눈을 비벼 떴을 때
선사는
이미 입적에 들어 아무 말도 없었다

회상의 죽비소리

출가는,
세상을 등지는 것이 아니라
세상을 더욱 뜨겁게 품는 관심으로

사유란,
천차만별로 들끓는 생각을
진성인 하나의 회로에 녹여 품고

수행이란,
잘 보고 잘 들은 것을 청밀淸蜜 삼아
지혜와 나눔, 두 날개로 날아가는 일인데

'깨달음'에만 매달리다
느닷없이 얻어맞고
얼떨떨했던 죽비 한방을
다시 생각하다

옛 그림이 된 제야

눈썹 센다는 말에
눈썹을 붙들고 세우던 그믐밤

부엌에선 이슥도록 기명 소리 멎지 않고
설한 엄동에도 떡가래 훈김은 모락모락 피어나
색색이 물들인 설빔은 또 얼마나 눈앞에 어른거렸던가
햇살 같은 선대의 후광을 입고 이어온
가문의 제수는 정성과 정갈함을 으뜸으로 삼았다
새 날을 맞는 성스러움에 겉잠마저 달아나고
한 살 더 얹히는 맘가짐도 곧게 가다듬던 일

돌아보면 희미한 옛 풍속화가 됐느니
어느 시절이 다시 돌아와
오손 도손 고담高談을 캐며 온밤을 밝히랴?

칸나 우체통

햇살 쏟아지는 봉천고갯길에
멀뚱히 서 있는 빨간 우체통
저 속에 누구의 긴한 사연이 담겨 있을까?

지난 시절,
물안개 내리는 간이역을 돌아
바닷길 먼 여행을 다녀와서
가슴에 담아 둔 부끄러운 얘기도
컴퓨터 문자보다 느릿느릿
썼다 지우고 다시 꽃말까지 덧붙여 보내면
약속처럼 어김없이 보내오던
진홍으로 봉인한 꽃잎 답신

내일을 믿고
무심코 흘려보낸 세월에
그걸 잊지나 않았는지?
살며시 밀어 넣은 사연보따리가
툭!
그 입술 닮아 떨어지는 도톰한 소리
이날에도,
귀대고듣고싶고열어보고도싶은
저 빨간 비밀 쪽문!

수행자와 징검다리

바람의 소망을 안고
바다의 소망을 안고
뒷마을 어귀 징검다리 건너가는
저 푸른 옷자락

생각과 생각
사이로
무엇이 흐르고 있을까?

제 생각에만 빠져 있지 않으니
앞사람 얼굴이 보이고
오직 흐르는 마음 하나뿐이니
발걸음은 물 위를 지나가는 물새와도 같아서,
수행자의 징검다리는
엉클어진 세상 얘기 등뒤로 남겨두고
바람결도 잔잔하게 이끌어
서원의 바다를 향한 거룩한 행보

징검다리 건너간 수행자
발걸음 옮겨간 노둣돌이
다문다문
산수국으로 피어나 환하게 흐르고 있다

먼지에 관한 단상

햇살 반 먼지 반으로 들어오는
아침 고요 실내 공간
커튼 사이로 들어선 백색기둥에 기대어
조간을 보거나 새소리를 듣다가도
눈부신 백색바닥에 길게 누워
맨발이라도 내밀고 있노라면, 발끝부터
자릿자릿 전해 오는 평온은 어디서 오는 걸까?

들끓는 탐욕의 질곡에서 벗어나
먼지 한 톨의 가뿐한 몸으로 거듭난다면,
바람 불면 바람을 따라 편안하게 자리를 잡고
기쁨과 충만을 노래할 수 있다면,
발이 없어도 날개가 없어도
그게 극락조의 삶이 아닐까?

후박나무가지에서 배롱나무가지로
이 언덕에서 저 언덕으로 옮겨 앉는,

하늘 높이 날던 방패연의 꿈이
바람칼에 연줄이 끊겨 처음 맛본 좌절이나
다음 생으로 내미는 발끝의 뜨거움도 알고 보면
다른 이름의 '어느새'요 '잠깐새'요 '깜박새'인 것을

나,
또한 미미한 먼지 한톨로 떠서
보드라운 몸끼리 부둥켜안고 안개 속을 흐르다가
벼랑 아래로 흩어져
어느 옥상 텃밭의 부엽토가 되어 초록을 밀어올리거나
어느 하구의 물결을 타고 찰싹찰싹 가락을 짓더라도
내 안의 고요 공간은
언제나 맑은 햇살이 은은히 흐르고 있기를!

마이산

한세상을 지키려면
산도 커다란 귀가 필요했던가

온산이 귀 하나로 솟아
천상의 음악소리와 함께
지하의 용암 들끓는 소리를 듣듯이

시인의 귀도
만리 밖까지 뻗쳐져야 하리

대륙과 해양, 열대와 한랭지대,
경계를 넘나드는 철새들의 끼룩거림이나
난초 잎을 스쳐오는 바람의 속삭임도 알아듣고
키 작은 풀꽃들의 음률도 귀담아 익히려면
능수버들같이
두 귀를 한층 더 아래로 늘어뜨려야 했거늘

나는 왜
흰 눈썹의 메시지도 귓등으로 흘려버리고
헛된 편력으로 헛기침이나 하다가
이제 와 제 마음을 쥐어뜯는가

내 푼수의 귀청이라야
발아래 떨어지는 폭포소리나 환하게 들려올 뿐
좁다란 귓문이 활짝 열리는 날도
있긴 있으려나?

돌아가는 석불

가까이 오지 마라
꽃도 향도 피우지 마라
콧날과 입술은 벌써 돌아가고
눈망울만 흐릿하게 남아 있는 돌부처

돌에서 나왔다
부처를 떠나보내고
이제 막 돌 속으로 돌아가는 길

어느 깊은 인연이 새겨놓은
거룩한 형상으로
천년을 지내 온 고결한 감옥에서
다시 본연으로 돌아가는 시간은
견고한 인연도 풀어지고 있으니
부질없이 두 손을 모으지도 마라
허공에 무슨 마음의 결실이 있기나 할까?

실없이 울고 웃는
사랑의 완성도, 여기서는
뜨겁게 쏟아 낸 인연의 혈흔을 지워 가는
돌부처의 산화와도 같은 것이니

자연의 길은
매듭 없이 흐르는 강물처럼
시간은 애초에도 없는 것이로구나

불길 속에 피는 연꽃

–법정스님 다비장에서

불길 속에 피어오른 연꽃을 본다

들끓는 욕망의 길거리에
향유처럼 풀어 낸 그 많은 문집들도
종내는
자신을 향한 경문이었던가
원본마저 쇄를 거두어, 뼛속까지
비우고 또 비우려는 뜻 허공에 밝히니
햇살도 차마 끼어들지 못하는구나

준수한 이마에 얹힌
'무소유 법문'은
천의 가슴 달래는 감로차
기이한 씨앗으로 두루 옮겨 심어지더니

탐착의 어둔 시대 끌어안고
불길 속으로 걸어간 임의
마지막 행보가
장대한 연꽃으로 솟아 하늘까지 뻗치니

생연生蓮이라,
시듦이 없는 구원의 정화頂花로
맑은 바람 거느리고 무시로 찾아와
신열에 들뜬 욕망의 땅에 그 훈향 흩뿌리시라

침묵으로의 초대

침묵은 신비의 공간이다

기계소리와 함께 벌목이 끝난 자리
한낮 땡볕에 가슴이 벌게진 산의 침묵과
둥지를 잃고 허공을 맴도는 산새들의 침묵
주변을 에워싼 침묵의 여러 모습을 본다

말없는 고양이의 저 환상적인 침묵
헌옷을 꿰매는 노파의 자애로운 침묵
과녁을 향해 온몸이 긴장된 궁사의 짧은 침묵
병마와 싸우는 환자의 기나긴 병상의 침묵
지팡이 따라가는 장님의 하얀 침묵
텔레비전 화면의 작은 동그라미 속에서 세상 얘기 펴내는
수화통역사의 신뢰에 찬 침묵
철거를 앞둔 가옥의 누추한 침묵보다
마음이 먼저 무너져 내린 자살자의 허무한 침묵

고독의 형벌로 받는 침묵의 뒤편에는
자유를 얻고자 정진하는 침묵도 있지만

침묵 속,
자유의 싹을 자르는 것이라면
과잉의 욕망이 일으킨 소란이 태반인걸
침묵의 소실이 빚은 손실을 어찌 다 늘어놓으랴

침묵은,
누구라도 생의 숭고함과
삶의 풍요를 키우는 자양분이니
무거운 머리, 헐벗은 두 손 내려놓고
어서 들어오시죠
고요의 환대를 한껏 받으며
새벽빛 예지가 깃들인 침묵의 시간 속으로

현충원 소풍

교복 입은 아이들 머리칼 위로
햇살은 반질반질 쏟아지는데
단아한 비석들은 눈물처럼 곱고
낮게 놓인 조화는 향기를 품었다

한낮 해를 등지고 앉은 어느 어머니
아들의 묘지 앞에 붉은 울음을 토해 낸다

삶과 죽음이 공존하는
깃발과 깃발 사이
바람과 바람 사이
숨결과 숨결 사이
비명과 비명 사이
기억과 망각 사이

칠십의 발길은 떼어지지 않는데
얼굴에 구름 한 점 없는 아이들은
잠든 용사 곁을 재잘거리며 지나간다

여기
잔디묘지 한 자락이
죽음과 맞바꾼 호국선열의 유산임을
아이들도 알게 될 날이 곧 돌아오리라
수학여행으로 찾아간 경주 불국사
창건의 뜻을 한세월 겪고서야 깨달은 것처럼

죽기에 향연 피어오르는 날이 이어지듯이
살기에도 좋은 날들은 노상 열려 있는 것이다

괌에서

소나기와 맑은 햇살이 손님처럼 왔다가고
파아란 물결이 산호섬을 껴안고 노니는 해상낙원
지하철도 세금도 투표할 일도 없는, 여기서는
새소리도 실로폰이 울듯 가늘고 낮아졌다

목화구름이 낮게 드리워 쪽물을 들이고
날치가 수면 위로 비상을 꿈꾸는, 이곳에서
줄무늬 예쁜 어족에게 사랑의 낚싯줄을 던졌지만
밥알만 떼어먹고 눈을 흘기며 가버린다

간밤 꿈에서처럼
나는 한 마리 해파리가 되어
태고의 시간 속으로 자맥질하다가, 불현듯
찰스 다윈이 진화론에 남긴 말이 떠올랐다
적자생존에서 꼴찌는 밀려난다 해도
일등만 살아남는다는 건 실언의 말이 아닐까

현세인류로 살아남은 종족끼리 서로를 배척하는
호모사피엔스
미세먼지 만들어 숨도 크게 못 쉬게 해놓고
대기권을 달구어 계절마저 바꿔 놓고
현명한 집단이라 자칭하는 헛똑똑이 인간들

꽃나무와 꿀벌 사이처럼
꽃가루 옮겨 주고 꿀을 얻어 함께 사는
가장 위대한 자연계의 성공사례를 본받을 줄도 모르는
인간의 복된 삶에 가장 큰 걸림돌은 무엇인가?

앤더슨 사령부가 또 무슨 명령을 내렸나
'죽음의 백조'*가 편대를 지어
굉음을 내며 동아시아 방향으로 급발진하고 있다

* 죽음의 백조 : 미국산 B-1B 전폭기

아버지의 퉁소

노을 비낀 냇물에 삽자루 씻고
부르튼 손이 내는 퉁소 가락에
창호지의 단풍 문양도 살아나는 저녁
범적골虎寺洞이 우는 메아리 소리 쩌르렁
갓고개冠峴 넘어 숨어든 운중반월雲中半月의 고택
밤바람에 말굽소리가 마루턱 넘어오면
처마 기스락에 웅크린 별이 후두둑 떨어진다

비탈길에 엉겨붙은 등짐 벗었으면
평편한 세상길에 청운의 뜻 펼쳤을까
창천에 버들꽃 흩어지니
먹빛 죽지에 장한몽 묻어두고
눈썹 푸르르 떨며 자아내는 곡마다
어깨 한편이 기울면 건너 산 태봉도 가라앉아

파적의 농월이라기엔 월암당月庵堂의
탱자나무에 앉은 성에꽃이 녹아
뼈마디에 어리는 애절한 음빛깔인지라

어느 하늘가에 머무시나요, 지금쯤
지붕 위로 피어오르는 저녁연기처럼
꿈속을 나는 장자莊子의 호랑나비처럼
태곳적 하늘엔 못 미쳐도
기미가 닿는 대로 가락을 높여도 좋으시리
구름 속 조각달이 간간이 얼굴 내밀어 주시니

수행자는 발자국을 남기지 않는다

외딴 산사에 봄눈이 내려
등 밝힌 듯 환한 절 마당에
홀연히 들어선 그림자 하나

사박사박 석탑을 끼고 돌던 그가
다로茶爐에 불씨 발갛게 피워 내니
다관의 입술이 뿜어내는 휘파람새소리 낭랑하다
마루청을 울리는 휘파람새소리에
한나절
온몸이 갸울어지는 저 옥빛 머리

마지막 남은 한 점
정념마저 떨쳐 버렸는가
앉은자리 탕, 탕, 털고 일어나
잿빛 옷자락 나부끼며 사라져 간 수행자

'설한 바 없이 설하고, 듣는 바 없이 들으니'

휘파람소리만 귓전을 맴돌 뿐
외줄기 눈발자국도 봄볕에 녹아
절 마당은 아무도 오고간 흔적이 없다

히말라야 통신

네팔에 학교를 세워 준 영봉 수좌가
오두막 흰 눈썹 수행승에게 물었다
"히말라야에서 얻은 것이 무엇인가?"

흰 눈썹이 대답했다
"내가 바로 히말라야가 된 것이지!"

묵직한 존재적 깨달음과 사유의 세계

유창섭 _ 시인 · 전 월간 모던포엠 편집주간

김장영 시인의 첫 시집 《초롱꽃 작은 연가》를 읽어 본다.

'작은 연가' 라고 했으나 김장영 시인의 시는 무겁다. 그만큼 시에 심미적 요소가 강하다는 의미다.

시인은 시를 쓰는 사람이다.

이 시대에 시인은 많고 많다. 그러나 '시인' 이라는 이름에 값하는 시는 얼마나 될까?

자신이 써 놓은 시를 시인 자신이 읽고도 감동하지 못하는 시들이 존재한다는 의미에서 시인이 쓴 시는 모두가 시는 아니라는 말이다.

시인이 쓴 시에서는 무언가 다른 어떤 것이 존재한다. 그 어떤 것은 시를 읽고 교감하는 사람들과 주고받는 감동이 있어야 한다는 의미다. 그러므로 시는 감동에서 출발한다고 할 수 있다. 바로 그 감동이 교감의 기본이다.

그 속에는 철학적 깨달음도 있고, 존재에 대한 성찰도 있으며, 삶의 과정에서 만나는 서정적 감동이 어울려 나타나기도 하는 것이다.

김 시인이 추구하고 있는 시는 전통적인 정서와 전통적 형식의 배합을 통해 감동을 불러일으킨다. 그러한 정서적 배합은 묵직한 존재적 깨달음과 사유의 세계에서 깊은 감동을 일깨우는 힘을 가지고 다가온다.

파블로 네루다(1904~1973, 칠레 시인, 노벨문학상 수상)는 "리얼리스트가 아닌 시인은 시인이 아니다. 그러나 리얼리스트만인 시인 또한 시인이 아니다"라고 말했다. 다시 말하면 리얼리즘만으론 충분치 않다는 말이다. 거기 미학이 있어야 한다는 것이다.

이러한 관점에서 보면 김장영 시인은 리얼리스트이며 그의 시는 전편에 흐르는 무게감이 존재한다. 그 속에 깨달음의 미학이 존재한다.

그러므로 김 시인은 매우 드물게 시적 정서의 무게나 의미를 견고하게 다듬어 집중시키는 힘이 드러난다. 그래서 김 시인은 그 집중력이 살아나도록 불필요한 언술을 줄이고 의미가 분명해지도록 각 문장에 관하여 세심하게 배려를 하며 시를 쓴다.

이제 김장영 시인의 시를 음미하며 그의 세계를 탐색해 보기로 한다. 먼저 만나는 시는 시집 제목으로 차용된 철학적 담론이 담긴 《초롱꽃 작은 연가》를 탐색하여 본다.

우리 이제 가야 한다면
저녁세상 길머리에 작은 종꽃 매달아
스치는 바람에도 낭랑히 울리게 해야 하리

언제였던가, 이슥도록 건배를 나누던

아폴론의 잔은 붉은 포도주가 넘쳤지만
나침羅針 없는 출항은 한낱 허상이었던가
석양이 앞산 그림자를 끌고 가면
허무한 노래는, 갈대밭에 몸을 낮추고
밤하늘에 여린 별 하나에도 가슴이 메었지만

지상에도,
어둠을 헤집고 돋아난
빛과 소리의 작은 화신
초롱꽃 흔들리면 범종소리도 은은히 들려와
미물들도 저마다 눈망울 밝히고
풀잎에 이슬방울도 은화처럼 반짝이는데,

뭇별이 성큼성큼 발걸음 옮기면
꽃잎들도 하염없이 떨어져 내리고
그리움은 다시 자줏빛 어스름에 젖어
누워 있는 침묵, 저 바다의 깊은 적멸에 들면
그 사람 어디 있을까?
변방의 이슬밭 건너
함초롬히 당도한 이의 머리맡에
꽃초롱 하나 아련히 밝혀 줄 사람은

– 시 〈초롱꽃 작은 연가〉 전문

김장영 시인의 시집 제목으로서의 상징적 의미를 가지고 있는 〈초롱꽃 작은 연가〉에서 시인은 출가라도 할 요량으로 길을 나섰던 젊은 날의 산사에서의 생활(나침 없는 출항)을 되돌아보는 마음을 드러내 보인다.

"석양이 앞산 그림자를 끌고 가면/허무한 노래는, 갈대밭에 몸을 낮추고/밤하늘에 여린 별 하나에도 가슴이 메었지만"과 같은 이 세상의 초롱꽃 핀 날, "초롱꽃 흔들리면 범종소리도 은은히 들려와/미물들도 저마다 눈망울 밝히고" 이슬 밭 건너서 당도한 이의 머리 위로 초롱꽃 하나 밝혀 줄 사람을 그리는 우주적인 절대자에 대한 마음이 아름답다.

다음에는 〈나무〉라는 평범한 소재에서 평범하지 않은 심상을 건져내는 시인의 심상을 마주한다.

우람찬 나무 앞에 서면
저절로 머리 숙여진다
소나무 상수리나무 비자나무 벽오동

초록이 녹음을 길어 올리고
푸른 정기 내뿜고
고목高木으로 늙거나 생목이 베어져
가구와 의자와 나이테를 녹여 책을 선사하고도
아픈 자의 목발이 된 오름길에서는
무심의 먹빛 여운은 천년도 넘게
흙과 바람의 향기를 전해 주며
훗날 누군가를 위하여
역사를 기록하고 그 가슴에 담아 둔다

육신을 온통 비워서
목어木魚가 깨친 새벽 공기를
신성이라 호명하며 묵상에 잠기는데
나무의 덕성을 따르지도
나이테만큼 이루지도 못한 채
야위어 간 내 꿈의 슬픈 가락
어느 목어가 목을 꺾어 읊어나 줄까?
된바람에 진 낙과落果의 미향微香일지라도

– 시 〈나무〉 전문

나무가 단순히 나무가 아님을 의미하는 날카로운 시선이 담겨 있다.

초록이 녹음을 길어 올리고
푸른 정기 내뿜고
고목高木으로 늙거나 생목이 베어져
가구와 의자와 나이테를 녹여 책을 선사하고도
아픈 자의 목발이 된 오름길에서는
무심의 먹빛 여운은 천년도 넘게
흙과 바람의 향기를 전해 주며
훗날 누군가를 위하여
역사를 기록하고 그 가슴에 담아둔다

육신을 온통 비워서
목어木魚가 깨친 새벽 공기를

신성이라 호명하며 묵상에 잠기는데
나무의 덕성을 따르지도
나이테만큼 이루지도 못한 채
야위어 간 내 꿈의 슬픈 가락
어느 목어가 목을 꺾어 읊어나 줄까?
된바람에 진 낙과落果의 미향微香일지라도

나무가 인간에게 자신의 존재를 빌려 살신성인의 혹은 소신공양의 버림을 통해서 헌신과 봉사로 인간에게 베푸는 모습으로 투영된 심상적 감동을 시화하여 보여 준다. 그래서 시인 자신도 그러한 나무의 덕성을 닮은 꿈을 이루어 내기를 소망하고 있음을 드러내고 있다. 여기에 나오는 목어나 거문고 같은 사물이 주는 상징적 의미와 마음으로 파고들어오는 들릴 듯한 소리가 큰 것은 바로 그 때문일 것이다.

시인 자신의 자전적 인생의 노년을 상징적으로 드러내며 스스로의 생을 자각하며 쓴 시 〈저녁 안개 속에서〉를 읽는다.

아침 이슬 무량한 풀밭 길을 여기 두고
멀리, 구름나그네로 떠도는 동안
강물은 야위어서 나직나직 흘러가고,
때없이 울어대는
귓속 귀뚜라미 울음소리마저
끊일 듯, 적막한 다릿목에서
어둑어둑 저녁이 오는 소리 듣고 있네

유년의 조막손들이 강가에서
해종일 모래성을 쌓다 허물던
솔기 없는 시간은 흔적이 없네
날마다 한 장씩
새하얀 도화지로 건네받은 시간의 선물을
무명으로 덧칠하여 파지를 낸
초췌한 초상의 거울 속 뒤란엔 바람이 일어
죄업의 색종이만 분분히 쌓이지만

따뜻한 손길로
내 은유의 흙 반죽 어루만지노니
하루의 덧문이 닫히는
이 적요한 시간은
스스로 번지는 먹물이 되어
오랜 친구의 젖은 안부를 묻고
내 사연 둥그렇게 엮어

적적한 그대 앞에
가장 나중에 보일 선물이라면
소엽풍란 향기라도 담아볼,
화초분
한 점이라도 단아하게 빚고 싶은 마음이네

— 시 〈저녁 안개 속에서〉 전문

시인은 저녁 안개 속에서 자신의 저물어가는 인생을 되돌아보며 유년시절과 청년시절의 고뇌하던 시간을 추상하며 자신의 언어로 은유의 흙을 빚어 시를 쓰고 '그대'와 교감하려 시도하고 있는 것이다.

유년의 조막손들이 강가에서
해종일 모래성을 쌓다 허물던
– 중략 –
새하얀 도화지로 건네받은 시간의 선물을
무명으로 덧칠하여 파지를 낸
– 중략 –
따뜻한 손길로
내 은유의 흙 반죽 어루만지노니

이와 같은 시인의 태도는 시 전편에 흘러 넘친다.

"강물은 야위어서 나직나직 흘러가고"나, "어둑어둑 저녁이 오는 소리"와 같은 언어적 무게가 실리는 표현은 대단한 상상력의 공간을 만들어내고 있다. 아마도 이러한 표현은 김 시인만의 독특한 언어로 자리매김하고 있다는 생각을 갖게 된다.

시인은 뜻밖의 사물에서도 철학적 담론을 이끌어 내는 힘이 있는 시를 쓴다.

홍옥 하나를 접시에 올려놓고 보면
처음엔, 예쁘디예쁘다가

좀 지나면, 시디시다가
또 좀 지나면, 신비롭고 신기해
불쑥,
의문이 나온다, 어디서 왔을까?
이 모양의 빛깔과 향기, 그리고 이 꿈과 생명

사과가 걸어온 길을 되짚어 올라가 보면
필시,
하느님과 부처님을 만나기 마련인데
칼을 든 손들이
사각사각 하느님을 깎고
아삭아삭 부처님을 베어 삼켜왔다

무심코 칼을 들기 전에
한번쯤,
속뜻을 새겨봐야 할 것이
어디 사과 하나뿐일까?

– 시 〈사과를 깎으며〉 전문

어느날 시인은 사과를 보고 "이 모양의 빛깔과 향기, 그리고 이 꿈과 생명"라는 화두를 꺼내어 사과 한 개가 주는 뜻밖의 심상에 주목한다.

그리고 시인은 땅과 우주의 질서에 순응하여 키워 낸 사과 한 개의 의미 속에서 하느님, 부처님을 읽어 낸다.

사과가 걸어온 길을 되짚어 올라가 보면
필시,
하느님과 부처님을 만나기 마련인데
칼을 든 손들이
사각사각 하느님을 깎고
아삭아삭 부처님을 베어 삼켜왔다

우리가 천연덕스럽게 아무 생각 없이 베어 먹던 사과 한 개에 들어 있는 의미(우주의 기를 받아 하느님이 키우고 부처님의 말씀이 가득 차 있을지도 모를 그 깊은 의미)를 아무런 깨달음 없이 먹어 온 자신을 발견한다.

사과 한 개에서 깨달을 수 있는 하느님의 말씀이나 부처님의 말씀에 대한 한순간의 깨달음도 없이 살아오고 있다는 생각, 그리고 그 사과 한 개를 키우기 위해 땀을 흘렸을 과수원의 농부의 수고로움을 생각하게 된다는 시인의 의식이 새롭게 다가온다.

다음에는 이 시대적 한 현상으로 고착된 농촌의 모습을 그려낸 시를 읽어 본다.

하늘이 감빛으로 물드는 저녁
산새들은 둥지를 찾아 지저귀는데
숨차게 기어오른 버스는
먼지만 부려놓고 지나가 버린다

문패가 달아난 담장 위에

늦게 온 통지문 한 통
고딕으로 선명하게 찍힌
복지란 말도 잠시만의 위로였던가,
사방을 둘러보아도 허망한 것들
허기를 견디다 지붕이 내려앉고
저녁별도 가위눌림에 일제히 입을 다물어
안부를 물어볼 누구 하나 없다

어쩌면, 나 또한 폐허의 빈집에서
오지 않는 사람을 기다리며
기다림만으로 살아갈 수밖에 없는 것인가

고양이 뒤를 쫓아
바람도 발을 들고 지붕 위로 지나간다

– 시 〈빈집〉 전문

지금 농촌에는 빈집이 도처에 널려 있다. 어쩌면 우리에게 '마음의 고향'이 될 수도 있는 곳에서 시인이 마주하는 빈집의 모습이 황량하다.

문패가 달아난 담장 위에
늦게 온 통지문 한 통
고딕으로 선명하게 찍힌
복지란 말도 잠시만의 위로였던가,
사방을 둘러보아도 허망한 것들

허기를 견디다 지붕이 내려앉고
저녁별도 가위눌림에 일제히 입을 다물어
안부를 물어볼 누구 하나 없다

누군가 있으리라는 기대는 무너지고 빈집만 쇠락을 증거하는 이미지가 고즈넉하다. 빈집의 정경이 쓸쓸함을 더해 주는 시다.

"버스는 먼지만 부려놓고 지나가 버린다"든가 "안부를 물어볼 누구 하나 없다"든가 "바람도 발을 들고 지붕 위로 지나간다"든가 하는 쓸쓸함이 정서적 깊이를 더해 준다.

농촌을 버리고 대처로 나가 버린 쓸쓸한 농촌의 시대적 변화를 짚어내는 시인의 눈길이 묻어난다.

시인은 한 시대를 살며 일어나는 부조리한 사회에 대한 비판적 시선을 보내기도 한다.

〈바보의 벽〉을 읽어 본다. 이 시는 '촛불의 시대'에 우리가 접하는 아둔한 지도자들의 모습에 대한 냉철한 인식이 냉소적으로 그려져 있다.

먼 훗날에도 사관史官은
탄식의 붓을 꼿꼿이 세워
그의 차갑고 무심한 시간을
바보의 벽이라 기록할 것이다

지배자의 아집과 독단으로
아홉 번 거듭 싸인 담장의 궁궐에서

밖으로 흘려보낸 화사한 연설문은
그저 빛 좋은 개살구였던가
입에 바른 원칙과 신뢰는 공허한 메아리로
이 땅에 시대착오의 돌연변이가 출현했거니

맑은 햇살과 바람이 넘나드는
유리 창가에 둘러앉아 차를 나누고
공화정의 미래를 향한 토론의 자리는
비선 실세의 꼭두각시 놀이터가 되고
세상과 시대정신이 빚은 오해와 갈등을 풀고
진정으로 함께 나아갈 번영의 길은
애초부터 겹겹이 담쌓고 장벽을 쳤느니

가계마다 빚의 수렁에 빠져들고
익몰溺沒에 처한 생령들이 울부짖을 때 그는
대체 어느 왕조의 뒤뜰을 한가로이 거닐고 있었던가?

구미가 당기는 것만 받아들이고
통치와 복종뿐인 외통수로
일신의 안위만 꽂혀 있는 부덕의 누각이
모래성처럼 부서져 내리는 현장을
역사는 시방 눈을 부릅뜨고 지켜보고 있다

– 시 〈바보의 벽〉 전문

한 시대의 역사적 현장에서 시인이 생각하는 이념과 이상을 배반한 사실에 공분하고 욕심과 오만과 억지의 통치로 세상을 어지럽게 한 현장을 '바보의 벽'이라고 명명한다.

지배자의 아집과 독단으로
아홉 번 거듭 싸인 담장의 궁궐에서
밖으로 흘려보낸 화사한 연설문은
그저 빛 좋은 개살구였던가
– 중략 –
비선 실세의 꼭두각시 놀이터가 되고
– 중략 –
익몰溺沒에 처한 생령들이 울부짖을 때 그는
대체 어느 왕조의 뒤뜰을 한가로이 거닐고 있었던가?

우리가 살아온 역사의 현장에서 벌어지고 있는 부조리에 대한 고발의 시선이 차갑다.

다음에는 서정성이 가득한 시 한 편을 읽는다.

햇살 쏟아지는 봉천고갯길에
멀뚱히 서 있는 빨간 우체통
저 속에 누구의 긴한 사연이 담겨 있을까?

지난 시절,
물안개 내리는 간이역을 돌아
바닷길 먼 여행을 다녀와서

가슴에 담아 둔 부끄러운 얘기도
컴퓨터 문자보다 느릿느릿
썼다 지우고 다시 꽃말까지 덧붙여 보내면
약속처럼 어김없이 보내오던
진홍으로 봉인한 꽃잎 답신

내일을 믿고
무심코 흘려보낸 세월에
그걸 잊지나 않았는지?
살며시 밀어 넣은 사연보따리가
툭!
그 입술 닮아 떨어지는 도톰한 소리
이날에도,
귀대고듣고싶고열어보고도싶은
저 빨간 비밀 쪽문!

– 시 〈칸나 우체통〉 전문

〈칸나 우체통〉은 정서적 밀도가 높은 아주 멋스러운 작품이다. "누구의 긴한 사연이 담겨 있을까?"에서 '담겨'로 표현한 부분이나 "가슴에 담아 둔 부끄러운 얘기"가 "진홍으로 봉인된 꽃잎 답신"에서의 '봉인된'이라는 어휘는 작지만 그 의미를 긴밀하게 다듬어 주고 있으며, 칸나꽃으로 상징되는 우체통을 보는 시선 속에서 현대의 공허하고 메마른 정서가 컴퓨터를 통해 열리고 닫히는 모습을 애잔하게 쳐다보는 눈길이 정서적 일체감을 이끌고 있다. "귀대고듣고싶고열어보고도싶은"이라는 띄어쓰기가 절제된 밀도 높은 시적 감각이 빨간색의 우체통이 의미를 강화시키고 있다.

이번에는 매우 철학적인 담론을 시로 승화시킨 김장영 시인의 시를 음미해 본다.

가까이 오지 마라
꽃도 향도 피우지 마라
콧날과 입술은 벌써 돌아가고
눈망울만 흐릿하게 남아 있는 돌부처

돌에서 나왔다
부처를 떠나보내고
이제 막 돌 속으로 돌아가는 길

어느 깊은 인연이 새겨놓은
거룩한 형상으로
천년을 지내 온 고결한 감옥에서
다시 본연으로 돌아가는 시간은
견고한 인연도 풀어지고 있으니
부질없이 두 손을 모으지도 마라
허공에 무슨 마음의 결실이 있기나 할까?

실없이 울고 웃는
사랑의 완성도, 여기서는
뜨겁게 쏟아 낸 인연의 혈흔을 지워 가는
돌부처의 산화와도 같은 것이니

자연의 길은
매듭 없이 흐르는 강물처럼
시간은 애초에도 없는 것이로구나

– 시 〈돌아가는 석불〉 전문

석불의 형체가 풍화되어 그 모습이 무한한 세월의 흐름 속에서 사라져 가는 형상을 보는 시인의 눈길이 형형하다. 콧날과 입술이 지워지고 있는 석불의 연륜과 그 영원성에 대한 철학적 깨달음이 일품이다.

콧날과 입술은 벌써 돌아가고
눈망울만 흐릿하게 남아있는 돌부처

돌에서 나왔다
부처를 떠나보내고
이제 막 돌 속으로 돌아가는 길
– 중략 –
실없이 울고 웃는
사랑의 완성도, 여기서는
뜨겁게 쏟아낸 인연의 혈흔을 지워 가는
돌부처의 산화와 같은 것이니

그래서 시인은 말한다.

풍화된 세월의 부피에 따라 '말없음'이 '그냥 말없음'이 아니라 은유적인 말씀으로 존재하게 되는 것이라는 의미망을 만들어

내고 있다. 그러므로 사랑도 모두 여기에서는 풍화되어 "천년을 지내 온 고결한 감옥에서/다시 본연으로 돌아가는 시간은/견고한 인연도 풀어지고 있다"고. 그리고 애초에 시간도 없는 것이라고.

이제까지 김장영 시인의 시 몇 편을 읽어 보며 그의 시 세계를 잠행하여 보았다.

범상스럽지 않은 의미를 시행에 은밀하게 감추면서 다소 고전적인 압축의 의미를 구사하는 시인의 시적 단단함은 시를 읽는 감상자들을 그의 세계로 이끄는 힘으로 발현된다.

시인의 시선은 자신의 내면에만 눈길을 주고 있는 것이 아니라 한 시대의 고뇌를 비판적인 눈길로 담담하게 그려내기도 한다. 이와 같이 시인의 시선은 다양한 사물과 현상에 주목하며 자신의 심상을 풀어내고 있다.

모두에서도 언급한 바와 같이 김 시인의 시는 시 속에 장치한 의미망으로 그 충만한 무게감을 감당하고 있다. 때로는 시인 한용운과 닮은 풍모가 보이기도 하는, 시집 전편에서 느끼는 종교적 깨달음이 시인의 마음에 육화되어 나타나고 있다는 인상이 시를 감칠맛 나게 하는 바탕이 되고 있음을 알게 된다.

그러나 다만, 다소 한쪽으로 기울어져 있다는 느낌으로 김 시인이 앞으로 새롭게 전개해 나가야 할 몫이 될 수도 있을 것이다. 오랜 시간 동안 탄탄하게 다져온 시적 충만감이 시의 전편에 흘러넘치는 것을 목도하며, 앞으로도 더욱 멋진 시 세계를 열어 가게 되리라는 믿음과 함께 시집 상재를 축하드린다.

초롱꽃 작은 연가

펴낸날 초판 1쇄 2017년 11월 25일

지은이 김장영
펴낸이 서용순
펴낸곳 이지출판

출판등록 1997년 9월 10일 제300-2005-156호
주 소 03131 서울시 종로구 율곡로6길 36 월드오피스텔 903호
대표전화 02-743-7661 팩스 02-743-7621
이메일 easy7661@naver.com
디자인 박성현
인 쇄 (주)꽃피는청춘

값 12,000원

ISBN 979-11-5555-080-9 03810

이 도서의 국립중앙도서관 출판예정도서목록(CIP)은 서지정보유통지원시스템 홈페이지(http://seoji.nl.go.kr)와 국가자료공동목록시스템(http://www.nl.go.kr/kolisnet)에서 이용하실 수 있습니다.(CIP제어번호: CIP2017030243)